P. Stanislaw Rutka CSsR

Der Glaube und das Bemühen um seine Weitergabe

P. Stanislaw Rutka CSsR

Der Glaube und das Bemühen um seine Weitergabe

Fromm Verlag

Imprint
Any brand names and product names mentioned in this book are subject to trademark, brand or patent protection and are trademarks or registered trademarks of their respective holders. The use of brand names, product names, common names, trade names, product descriptions etc. even without a particular marking in this work is in no way to be construed to mean that such names may be regarded as unrestricted in respect of trademark and brand protection legislation and could thus be used by anyone.

Cover image: Vom Autor bereitgestellt

Publisher:
Fromm Verlag
is a trademark of
International Book Market Service Ltd., member of OmniScriptum Publishing Group
17 Meldrum Street, Beau Bassin 71504, Mauritius

Printed at: see last page
ISBN: 978-620-2-44212-1

Inhaltsverzeichnis

Abkürzungsverzeichnis

AA	II. Vatikanisches Konzil: Dekret *Apostolicam actuositatem* über das Laienapostolat, 1965.
AG	II. Vatikanisches Konzil: Dekret über die Missionstätigkeit der Kirche *Ad gentes*, 1965.
BF	*Breviarium Fidei.* Wybór doktrynalnych wypowiedzi Kościoła. S. Głowa, I. Bieda (Hg.). Posen 1964 (2. Ausgabe, Posen 1989).
CD	II. Vatikanisches Konzil: Dekret *Christus Dominus* über die Hirtenaufgabe der Bischöfe, 1965.
ChL	Johannes Paul II.: Apostolisches Schreiben *Christifideles laici*, 1988.
CIC	Kodex des kanonischen Rechtes (1983).
CT	Johannes Paul II.: Apostolisches Schreiben *Catechesi tradendae*, 1979.
DCE	Benedikt XVI.: Enzyklika *Deus Caritas est*, 2005.
DeV	Johannes Paul II.: Enzyklika *Dominum et Vivificantem*, 1986.
DH	II. Vatikanisches Konzil: Erklärung *Dignitatis humanae* über die Religionsfreiheit, 1965.
DS	H. Denzinger / A. Schönmetzer: *Enchiridion symbolorum, definitionum et declarationum de rebus fidei et morum.* Freiburg i B. 1976, Ausg. XXXVI.
DV	II. Vatikanisches Konzil: Dogmatische Konstitution *Dei verbum* über die göttliche Offenbarung, 1965.
EN	Paul VI.: Apostolisches Schreiben *Evangelii nuntiandi* über die Evangelisierung in der Welt von heute, 1975.
ES	Paul VI.: Enzyklika *Ecclesiam suam*, 1964.

FC	Johannes Paul II.: Apostolisches Schreiben *Familiaris consortio*, 1981.
FR	Johannes Paul II.: Enzyklika *Fides et ratio*, 1998.
GE	II. Vatikanisches Konzil: Erklärung *Gravissimum educationis* über die christliche Erziehung, 1965.
GS	II. Vatikanisches Konzil: Pastorale Konstitution *Gaudium et spes* über die Kirche in der Welt von heute, 1965.
KKK	Katechismus der Katholischen Kirche (1992).
LG	II. Vatikanisches Konzil: Dogmatische Konstitution *Lumen gentium* über die Kirche, 1964.
NA	II. Vatikanisches Konzil: Erklärung *Nostra aetate* über das Verhältnis der Kirche zu den nichtchristlichen Religionen, 1965.
PG	Johannes Paul II.: Nachsynodales apostolisches Schreiben *Pastores gregis*, 2003.
PO	II. Vatikanisches Konzil: Dekret *Presbyterorum ordinis* über Dienst und Leben der Priester, 1965.
RMis	Johannes Paul II.: Enzyklika *Redemptoris missio*, 1990.
SC	II. Vatikanisches Konzil: Konstitution über die heilige Liturgie *Sacrosanctum Concilium*, 1963.
Sps	Benedikt XVI.: Enzyklika *Spe salvi*, 2007.
UR	II. Vatikanisches Konzil: Dekret *Unitatis redintegratio* über den Ökumenismus, 1964.
VD	Benedikt XVI.: Nachsynodales apostolisches Schreiben *Verbum Domini*, 2010.

EINLEITUNG

Die Verbreitung und Stärkung des Glaubens an den in Jesus Christus offenbarten Gott – diese zwei Aufgaben, die schon immer zu den wichtigsten der Kirche gehörten, wurden zu einer besonderen Priorität unserer Zeit. Nach wie vor ist der Glaube auch heutzutage eine Gabe, die neu entdeckt, gepflegt und bezeugt werden muss. Das gerade ist das Ziel, das Jahr des Glaubens zu feiern, das „zu einer neuen Bekehrung zum Herrn Jesus und zur Wiederentdeckung des Glaubens beitragen" will, damit „alle Glieder der Kirche glaubwürdige und frohe Zeugen des auferstandenen Herrn in der Welt von heute seien und die Fähigkeit erlangen, den vielen Suchenden die „Tür des Glaubens" zu zeigen. Diese „Tür" öffnet den Blick des Menschen auf Jesus Christus, der unter uns ist „alle Tage, bis zum Ende der Welt" (Mt 28, 20)".[1]

Das Evangelium vom auferstandenen Gottessohn in der Welt zu verkünden und den Menschen den Zugang zum Glauben zu eröffnen, wird zu einer besonders dringenden Aufgabe angesichts des Säkularisierungs- und Dechristianisierungsprozesses, der ein bisher unbekannte Ausmaß annimmt. Viele Christen – vor allem in Europa – leben, als ob es Gott nicht gäbe. Sie missachten das Gesetz Gottes und lassen sich von der laizistischen, den Hedonismus und Nihilismus verbreitenden Propaganda beeinflussen. Gott scheint aus ihrem Lebenshorizont verschwunden zu

1 Kongregation für die Glaubenslehre: Note mit pastoralen Hinweisen zum Jahr des Glaubens, Vatikan 2012, Einführung.

sein oder wurde zu einer Realität, der sie völlig gleichgültig gegenüberstehen.[2]

Es ist kein Zufall, dass das Jahr des Glaubens zum fünfzigsten Jahrestag der Eröffnung des Zweiten Vatikanischen Konzils ausgerufen wurde. In fester Überzeugung, die Lektüre der Konzilsdokumente könne der Kirche helfen, unserer Zeit angepasste Methoden von Vermittlung und Festigung des Glaubens zu finden, ermutigt Benedikt XVI. unaufhörlich dazu, die Kenntnis der Konzilslehre ständig zu vertiefen. Er tut dies in der Gewisshe-it, dass „die Neuevangelisierung mit dem Zweiten Vatikanischen Konzil begonnen hat".[3] Eine ähnliche Auffassung findet man auch im *Instrumentum laboris* der XIII. Ordentlichen Vollversammlung der Bischofssynode zum Thema „Die neue Evangelisierung für die Weitergabe des christlichen Glaubens", wo festgestellt wird, es sei eben das Zweite Vatikanische Konzil, das den Impuls zur Wiederbelebung des evangelisierenden Handelns der Kirche gegeben habe, dessen Teil auch die Weitergabe des Glaubens bilde.[4]

Der Glaube und seine Weitergabe im Lichte der Lehre des Zweiten Vatikanischen Konzils werden das Thema der vorliegenden Arbeit sein. Bezugnehmend auf den Inhalt und den Geist der Konzilstexte, unternimmt sie den Versuch einer die Natur des

---

[2] Vgl. Johannes Paul II.: Apostolisches Schreiben *Ecclesia in Europa* zum Thema „Jesus Christus, der in seiner Kirche lebt – Quelle der Hoffnung für Europa", Nr. 9.

[3] Benedikt XVI.: La nuova evangelizzazione è iniziata con il concilio Vaticano II. In: L'Osservatore Romano, it. Ausgabe, Roma 21.09.2012, S. 8.

[4] „Auch wenn der Plan zur Wiederbelebung des evangelisierenden Handelns der Kirche seinen jüngsten Ausdruck in den Entscheidungen Papst Benedikt XVI. gefunden hat (…), reichen die Ursprünge dieses Planes doch weiter zurück: dieser Plan hat nämlich in der Tat das Lehramt und den apostolischen Dienst Papst Paul VI. und Papst Johannes Paul II. beseelt. Und darüber hinaus ist der Ursprung dieses Plans im Zweiten Vatikanischen Konzil zu finden, und in seiner Absicht, Antworten auf die Orientierungslosigkeit zu geben, die auch von den Christen angesichts der starken Umwälzungen und der Zerrissenheiten, mit denen die Welt in dieser Zeit zu tun hatte, empfunden wurde; Antworten, die nicht vom Pessimismus oder vom Rückzug gekennzeichnet sein sollten, sondern von der erneuernden Kraft der allgemeinen Berufung zum Heil, welches Gott für jeden einzelnen Menschen will." Bischofssynode, XIII. Ordentliche Vollversammlung: *Instrumentum laboris*. Rom 27. Mai 2012. Libreria Editrice Vaticana 2012, Nr. 10.

Glaubens betreffenden Synthese, indem sie seine wesentlichen Elemente sowie das Problem seiner Weitergabe in der Kirche präsentiert. Infolge einer solchen Themenauffassung wird hier der Schwerpunkt auf doktrinäre Fragen gelegt, im Hintergrund bleiben dagegen solche Probleme wie die Ursachen und Symptome der modernen Erosion des Glaubens in der Welt, die Bedingungen seiner Weitergabe oder die Rolle von kirchlichen Strukturen in der Verbreitung der christlichen Wahrheit.

Es ist zu bemerken, dass der Glaube ein äußerst breites und vielfältiges Thema in der Lehre des Zweiten Vatikanischen Konzils bildet. Obwohl dieses Konzil uns kein spezifisches Dokument und selbst kein dem Glauben direkt gewidmetes Kapitel hinterlassen hat, was bei manchen früheren Konzilen der Fall war,[5] misst es dem Glauben eine geradezu grundsätzliche Bedeutsamkeit bei. Auf eine besonders ausdrückliche Art und Weise macht Paul VI. darauf aufmerksam: „Wenn das Konzil den Glauben nicht ausdrücklich behandelt, so spricht es doch auf jeder Seite von ihm, erkennt seinen lebenswichtigen und übernatürlichen Charakter an, geht davon aus, dass er unverkürzt und stark ist, und baut auf ihn seine Lehren auf".[6]

Das wichtigste Quellenmaterial der vorliegenden Arbeit stellen die direkt oder indirekt an den Glauben anknüpfenden Texte des Vaticanum II dar. Sie sind verstreut besonders in folgenden Dokumenten zu finden:

- Dogmatische Konstitution über die göttliche Offenbarung,

---

[5] Gemeint ist hier vor allem das I. Vatikanische Konzil, das in seiner dogmatischen Konstitution über den katholischen Glauben *Dei Filius* (1870), besonders im III. und IV. Kapitel, die Funktionen der Vernunft und des Willens, die beide im Glaubensakt mit der Gnade mitwirken, präzisiert und die Beziehungen zwischen dem Glauben und der Vernunft aufgezeigt hat. Vgl. DS 3008 – 3020.

[6] Paul VI.: Katechese in der Generalaudienz vom 8. März 1967. Zit. nach: Benedikt XVI.: Eine Pilgerreise durch die Wüsten der heutigen Welt. Predigt während der Messe zur Eröffnung des Jahrs des Glaubens in Rom am 11. Oktober 2012. In: L'Osservatore Romano, 12.10.2012.

- Dogmatische Konstitution über die Kirche,
- Pastorale Konstitution über die Kirche in der Welt von heute,
- Konstitution über die heilige Liturgie,
- Dekret über das Laienapostolat,
- Dekret über die Hirtenaufgabe der Bischöfe,
- Dekret über Dienst und Leben der Priester,
- Dekret über den Ökumenismus,
- Dekret über die Missionstätigkeit der Kirche,
- Erklärung über das Verhältnis der Kirche zu den nichtchristlichen Religionen,
- Erklärung über die christliche Erziehung,
- Erklärung über die Religionsfreiheit.

Die Arbeit nimmt auch Bezug auf diejenigen Dokumente des Magisteriums der Kirche aus der nachkonziliaren Periode, die den Konzilsgedanken kommentieren, entwickeln und vertiefen.[7] Einen besonderen Platz nimmt darunter der Katechismus der Katholischen Kirche ein (die „Symphonie des Glaubens",[8] wie ihn Johannes Paul II. nennt), der einerseits „eine authentische Frucht des Zweiten Vatikanischen Konzils"[9] ist, und andererseits seine Rezeption fördern und erleichtern will.[10]

Die in der Arbeit verwendete methodische Vorgehensweise beruht auf der Analyse der Dokumente des Zweiten Vatikanischen

[7] Zu diesen Dokumenten gehören: Paul VI.: Apostolisches Schreiben *Evangelii nuntiandi* über die Evangelisierung in der Welt von heute; Johannes Paul II.: Enzyklika *Fides et ratio* über das Verhältnis von Glaube und Vernunft; Johannes Paul II.: Enzyklika *Redemptoris missio* über die fortdauernde Gültigkeit des missionarischen Auftrages; Johannes Paul II.: Enzyklika *Dominum et Vivificantem* über den Heiligen Geist im Leben der Kirche und der Welt; Johannes Paul II.: Nachsynodales apostolisches Schreiben *Christifideles laici* über die Berufung und Sendung der Laien in Kirche und Welt; Johannes Paul II.: Nachsynodales apostolisches Schreiben *Pastores gregis* zum Thema „Der Bischof – Diener des Evangeliums Jesu Christi für die Hoffnung der Welt"; Benedikt XVI.: Nachsynodales apostolisches Schreiben *Verbum Domini* über das Wort Gottes im Leben und in der Sendung der Kirche; Benedikt XVI.: Apostolisches Schreiben in Form eines Motu Proprio *Porta fidei*.

[8] Johannes Paul II.: Apostolische Konstitution *Fidei depositum*, Nr. 2.

[9] Benedikt XVI.: Apostolisches Schreiben in Form eines Motu Proprio *Porta fidei*, Nr. 4.

[10] Vgl. Kongregation für die Glaubenslehre: Note mit pastoralen Hinweisen zum Jahr des Glaubens, Vatikan 2012, Einführung.

Konzils sowie der nachkonziliaren Dokumente der Weltkirche. Die Ergebnisse dieser Analyse werden synthetisch gesammelt und geordnet, um die gegenwärtige katholische Doktrin in Bezug auf Glauben präsentieren zu können. Der Eigenart der Pastoraltheologie gemäß wird auch der praktische Aspekt des theologisch analysierten Problems berücksichtigt.

Die Arbeit besteht aus drei Hauptkapiteln. Im ersten, in Anlehnung an das Wort des Apostels Paulus, der schreibt: „Denn aus Gnade seid ihr durch den Glauben gerettet, nicht aus eigener Kraft – Gott hat es geschenkt" (Eph 2, 8), wird der Glaube als das Werk des heilenden Gottes erörtert und als eine gegenseitige, göttlich-menschliche Beziehung dargestellt, deren Initiator immer Gott bleibt. Von der konziliaren Dogmatischen Konstitution über die göttliche Offenbarung ausgehend, die den Glauben als die Antwort des Menschen auf die Offenbarung Gottes auffasst, wird in der Arbeit betont, dass der übernatürliche Charakter zum innersten Wesen des christlichen Glaubens gehört. Desweiteren wird hervorgehoben, dass dieser Heilsdialog nur mit Hilfe des Heiligen Geistes möglich ist, der den Menschen zur Aufnahme der Offenbarungsgabe innerlich befähigt.

Das zweite Kapitel konzentriert sich auf die Wahrheit, dass der Glaube als das wirkliche Werk Gottes zugleich einen authentisch menschlichen Akt bildet und dadurch auch das Werk des Menschen ist. Der Glaube ist eine göttliche Gabe, und wenn der Mensch sich in seiner Freiheit entscheidet, diese Gabe anzunehmen, verleiht sie seinem Leben Richtung und Sinn. Gott zwingt dem Menschen nichts auf, sondern durch die Offenbarung seiner selbst und das Anbieten seines Heils appelliert er an die menschliche Freiheit und das menschliche Verantwortungsbewusstsein.

Der Mensch kann das Geschenk des Glaubens annehmen und es in seinem Leben durch das Mitwirken mit der göttlichen Gnade entwickeln. Er kann es aber auch ablehnen und sich dadurch von der Quelle des Lebens entfernen. In der Lehre des Zweiten Vatikanischen Konzils hat der Glaube ein personalistisches Gepräge, d. h. er beruht auf einer tiefen, persönlichen Beziehung mit Christus, die sich im grenzenlosen Vertrauen zu ihm und im Gehorsam gegenüber seiner Verkündung äußert. Der Glaube ist weder ausschließlich ein Akt des Verstandes, noch eine reine Entscheidung oder ein Ansturm von Gefühlen, sondern ein Ausdruck des ganzen Menschen, der sich selbst völlig Gott anvertraut.

Der christliche Glaube ist von seiner Natur aus eine dynamische Wirklichkeit, ein Prozess, der sich durch Gottes Initiative vollzieht und einerseits die Antwort des sich Gott anvertrauenden Menschen voraussetzt, andererseits aber auch ein regelmäßiges Wachsen verlangt. Dieses Wachsen geschieht durch die ständige Annahme des Glaubensgeschenkes und seine Weitergabe an die anderen. Gerade die Annahme des Glaubens und seine Verbreitung sind das Thema des dritten Kapitels. Es fokussiert auf die Tatsache, dass die Weitergabe des Glaubens mit dem Wesen der Kirche eng zusammenhängt, deren Natur doch ganz von der Mission geprägt ist. Die Kirche ist Mission, denn sie entspringt aus der Sendung Jesu Christi und der des Heiligen Geistes, gemäß dem Plan Gott des Vaters. Die Aufgabe, den Glauben zu verbreiten, ist nicht nur wenigen Auserwählten vorbehalten. Die Kirche als ganze ist berufen, den Glauben anzunehmen und weiterzugeben, besonders angesichts der großen Wandlungen in der heutigen Welt. Die Weitergabe des Glaubens ist ein gemeinsames Werk von Bischöfen und Priestern, aber auch von gläubigen Laien. Eine besondere Aufmerksamkeit wird in der Arbeit der Tatsache geschenkt, dass das Zweite Vatikanische Konzil den Platz und die Rolle der Laien in der Gemeinschaft der Kirche sowie ihre apostolischen Aufgaben in der Welt völlig neu definiert hat.

Die Gnade des Glaubens

In seiner Liebe und Güte offenbart Gott sich dem Menschen und enthüllt vor ihm das Geheimnis seines eigenen Wesens und seines innergöttlichen Lebens.[1] Durch die Offenbarung steigt Gott zum Menschen herab,[2] lädt ihn ein und beruft zur Teilnahme an seinem göttlichen Leben, zur Gemeinschaft und Freundschaft mit ihm. Er schenkt dem Menschen sein selbstloses Vertrauen, lässt ihn seine Liebe kennen lernen und erfahren[3] und überhäuft ihn mit seinen Gaben. Eine davon, und zwar die wichtigste, ist der Glaube, anders gesagt – die Gnade des Glaubens.

Der Glaube kann auf zweierlei Weise betrachtet werden: von Gott her oder vom Menschen her. Von Gott her ist er seine übernatürliche Gabe,[4] dem Menschen umsonst geschenkt, damit dieser das Heil erreichen kann. Der Glaube ist das zum Heil führende Geschenk Gottes und das Werk seiner Gnade.[5] Diese Gnade geht dem Glaubensakt voraus, bewegt und regt dazu an, unterstützt und treibt ihn voran.[6] Zu ihrer Frucht wird die Fähigkeit des Menschen, an Gott zu glauben und ihm das eigene Leben anzuver-

1 Vgl. K. Wojtyła: U podstaw odnowy. Kraków 1988, S. 50-51.
2 Vgl. K. Rahner: Podstawowy wykład wiary. Wprowadzenie do pojęcia chrześcijaństwa. Warszawa 1987, S. 124.
3 Vgl. A. Leonard: Podstawy i zasadność wiary. In: L. Balter / S. Dusza / F. Mickiewicz (Hg.): Podstawy wiary. Teologia. Kolekcja Communio. Bd. 6. Poznań 1991, S. 37.
4 Vgl. KKK 179 u. 153; vgl. auch L. Balter: Od wiary do teologii. In: L. Balter / S. Dusza / F. Mickiewicz: Podstawy wiary. Teologia, a.a.O., S. 12.
5 Vgl. J. Trütsch: Theologische Explikation des Glaubens. In: J. Feiner / M. Löhrer (Hg.): Mysterium Salutis. Grundriss heilsgeschichtlicher Dogmatik. Bd. 1. Einsiedeln-Zürich-Köln 1965, S. 831.
6 Vgl. K. Rahner: Podstawowy wykład wiary, a.a.O., S. 124-125.

trauen. Dank der Glaubensgnade, die den Menschen unterstützt, entwickelt sich eine übernatürliche, interpersonale Kommunion, durch die der an Gott glaubende Mensch an seinem ewigen Leben teilhat.[7] In seinem Brief an die Epheser schreibt der Apostel Paulus: „Denn aus Gnade seid ihr durch den Glauben gerettet, nicht aus eigener Kraft – Gott hat es geschenkt" (Eph 2, 8).

Der Glaube ist die größte und schönste von allen göttlichen Gaben, denn er ist das erste Zeichen und das erste Geschenk der göttlichen Liebe für den Menschen.[8] Gott offenbart seine Liebe zum Menschen zuerst dadurch, dass er ihn zum Glauben beruft. Er kommt also dem Menschen entgegen, ruft ihn liebend auf. Es ist die göttliche Hilfe, die den Menschen anregt, trägt und unterstützt, damit er den richtigen Lebensweg geht, ihn nicht verliert und die endgültige Vereinigung mit Gott in der Ewigkeit erreicht. Der Glaube ist also eine Gabe Gottes und das Wirken seiner Gnade, die den Menschen bis ins Innerste verwandelt.[9]

Vom Menschen her gesehen, ist der Glaube dagegen „ein persönlicher Akt: die freie Antwort des Menschen auf die Einladung des sich offenbarenden Gottes",[10] das „Sich-ihm-Anvertrauen" und „Bei-ihm-Sein" in gänzlicher Freiheit.[11] Vom Standpunkt des Menschen aus bedeutet der Glaube auch, die durch Gottes Wort offenbarten Wahrheiten aufzunehmen und sie als der Wirklichkeit entsprechende anzuerkennen. Deshalb ist der Glaubensakt bewusst und gewollt, und er stützt sich auf das Vertrauen, das wir

---

[7] Vgl. Johannes Paul II.: Wiara odpowiedzią na samo objawienie się Boga. Generalaudienz vom 10. April 1985. In: ders.: Wierzę w Boga Ojca Stworzyciela. Vatikan 1987, S. 55-58.

[8] Vgl. Paul VI.: Wiara jest darem Boga. Generalaudienz vom 21. Juni 1967. In: ders.: Trwajcie mocni w wierze. Bd. 1. Kraków 1970, S. 35.

[9] Benedikt XVI.: Porta fidei, a.a.O., Nr. 10.

[10] KKK 166; vgl. Paul VI.: Co to jest wiara? Generalaudienz vom 19. April 1967. In: ders.: Trwajcie mocni w wierze, a.a.O., S. 32-33.

[11] Vgl. Johannes Paul II.: Plan objawienia wypełniony w Jezusie Chrystusie. Generalaudienz vom 3. April 1985. In: ders.: Wierzę w Boga Ojca Stworzyciela, a.a.O., S. 51; vgl. auch Benedikt XVI.: Porta fidei, a.a.O., Nr. 1; 10.

dem lebendigen Gott schenken.[12] Der Glaube ist auch eine Begegnung mit Gott, der dem Menschen entgegenkommt und ihn auf eine übernatürliche Ebene hebt.[13] Die Grundlage des Glaubens bildet also Gott, der existiert und sich dem Menschen mitteilt.[14]

Der Glaube als eine Gabe Gottes für den Menschen

Der Glaube hat seinen Anfang im Wirken Gottes durch die Gnade, die das personale Sich-Mitteilen Gottes an den Menschen ist. Dieses Sich-Mitteilen ist kein einmaliger Akt, sondern ein ständiger Beistand, der das ganze göttliche Leben im Menschen umfasst – von dem am Anfang stehenden Wunsch nach dem Glauben, über seine Entwicklung und das Ausharren darin bis zum Ende.

In der dogmatischen Konstitution über die göttliche Offenbarung betont das Zweite Vatikanische Konzil die Notwendigkeit der göttlichen Hilfe und des menschlichen Mitwirkens mit der Gnade Gottes im Glaubensakt. Es wird dabei präzisiert, die Gnade sei zuvorkommend und helfend. Die Konstitution unterscheidet zwei Hauptphasen des göttlichen Wirkens durch die Gnade: eine bereitet auf die Glaubensentscheidung vor, die andere ist direkt mit dieser Entscheidung und mit dem Ausharren im Glauben verbunden. Dank der Gnade kann der Aufruf Gottes zum Glauben richtig erkannt, verstanden und angenommen werden.

Das zum Glauben führende gnadenreiche Wirken Gottes hat eine äußere und eine innere Dimension. Im inneren Wirken richtet Gott seine Botschaft an den Menschen in Form seines Wortes und seiner Offenbarungszeichen. Dadurch, dass er seinen Aufruf immer deutlicher macht, wird die Offenbarung für den Menschen

[12] Vgl. Paul VI.: Co to jest wiara?, a.a.O., S. 33; L. Balter: Od wiary do teologii, a.a.O., S. 7.
[13] Vgl. J. Trütsch: Theologische Explikation des Glaubens, a.a.O., S. 830.
[14] Vgl. Paul VI.: Co to jest wiara?, a.a.O., S. 32; vgl. auch W. Kasper: Rzeczywistość wiary. Warszawa 1979, S. 57.

zu einer Einladung zum Glauben. Gleichzeitig befähigt Gott den Menschen innerlich zum Leben aus dem Glauben, indem er ihm sein Licht schenkt und ihn zum Hören und zur Annahme der Offenbarung anregt.

In der Phase der Vorbereitung für die Glaubensentscheidung öffnet die göttliche Gnade den Menschen auf die übernatürliche Wirklichkeit und weckt in ihm das Bedürfnis, sie zu erreichen. In der nächsten Phase befähigt Gott die Subjektkräfte des Menschen zum richtigen Erkennen der Offenbarung, erleuchtet seine Vernunft und schenkt ihm dadurch eine neue Erkenntniskraft. Bei der Glaubensentscheidung unterstützt Gott auch den menschlichen Willen, er weckt und stärkt den menschlichen Wunsch nach dem Guten und nach den Heilswerten: der Liebe, der Lebensfülle, nach wahrem Glück und dauerhafter Vereinigung mit Gott. Durch das Erteilen der Gnade hilft Gott der menschlichen Natur; er hebt ihren freien Willen nicht auf, sondern vervollkommnet ihn. In seinem Tun bleibt der Mensch immer frei, sowohl vor, als auch in dem Glaubensakt selbst.[15]

Damit es im Glauben zur göttlich-menschlichen Begegnung kommen kann, wollte sich zuerst Gott selbst dem Menschen offenbaren. Gottes Offenbarung ist also der Anfang, sein Entgegenkommen zum Menschen hin. Das Zweite Vatikanische Konzil drückt diese Wahrheit wie folgt aus: „Durch seine Offenbarung wollte Gott sich selbst und die ewigen Entscheidungen seines Willens über das Heil der Menschen kundtun und mitteilen, um Anteil zu geben am göttlichen Reichtum, der die Fassungskraft des menschlichen Geistes schlechthin übersteigt“.[16] Dank der Offenbarung Gottes ist der Mensch imstande (aber nicht aus eigener Kraft) den die ganze Menschheit betreffenden, göttlichen Heils-

15 Vgl. DV 5; vgl. auch J. Mastej: Wiara. In: M. Rusecki / K. Kaucha / I. S. Ledwoń / J. Mastej (Hg.): Leksykon teologii fundamentalnej. Lublin-Kraków 2002, S. 1325.

16 DV 6.

plan zu erkennen, denn Gott „will, dass alle Menschen gerettet werden und zur Erkenntnis der Wahrheit gelangen" (1 Tim 2, 4).[17]

Durch seine Offenbarung nähert sich Gott dem Menschen und ergreift eine völlig ungeschuldete Initiative, ihn zu erreichen und zu retten.[18] In seiner Güte lässt er den Menschen an sich herankommen und an dem göttlichen Leben teilhaben. Denn er hat ihn als sein Abbild geschaffen (vgl. Gen 1, 26) und will ihm seine Gaben schenken. Der Mensch ist Gottes Geschöpf. Er kommt aus seiner Hand. Gott offenbart sich ihm durch die Werke der Schöpfung und – mit den Worten des hl. Paulus gesagt – gibt damit Zeugnis von sich (vgl. Röm 1, 19-20). Weil er den Weg des übernatürlichen Heiles eröffnen wollte, hat er sich selbst schon am Anfang den Stammeltern kundgetan.[19] Die Initiative liegt bei Gott, der sich dem Menschen zuwendet, um ihn zu heilen. Gott ist also der Spender der Heilsgabe.[20] Diese Gabe sollte vom Menschen dankbar angenommen werden. Angesichts der geschaffenen Dinge erkennt er das Wirken Gottes in der Geschichte und die Verwirklichung seiner Pläne an. Diese Erkenntnis aber kommt nicht von ihm selbst, sondern wird ihm mit dem Licht des Glaubens gegeben.[21]

In der dogmatischen Konstitution über die göttliche Offenbarung beschreibt das Zweite Vatikanische Konzil den christlichen Glauben und spricht von einem engen Zusammenhang der beiden: der Offenbarung und des Glaubens.[22] Das Konzil stellt fest: „Gott hat in seiner Güte und Weisheit beschlossen, sich selbst zu offenbaren und das Geheimnis seines Willens kundzutun (vgl. Eph 1, 9): dass die Menschen durch Christus, das fleischge-

---

17 Vgl. LG 13.
18 Vgl. FR 7.
19 Vgl. DV 3; vgl. auch K. Wojtyła: U podstaw odnowy. Kraków 1988, S. 47.
20 Vgl. J. Pfammatter: Glaube nach der Heiligen Schrift. In: J. Felner / M. Löhrer (Hg.): Mysterium Salutis, a.a.O., S. 811.
21 Vgl. H. Fries: Wiara zakwestionowana. Warszawa 1975, S. 25-26.
22 Vgl. H. Vorgrimler: Das Zweite Vatikanische Konzil. Konstitutionen, Dekrete und Erklärungen. Kommentare. Teil II. Freiburg-Basel-Wien 1967, S. 506.

wordene Wort, im Heiligen Geist Zugang zum Vater haben und teilhaftig werden der göttlichen Natur (vgl. Eph 2, 18; 2 Petr 1,4). In dieser Offenbarung redet der unsichtbare Gott (vgl. Kol 1,15; 1 Tim 1,17) aus überströmender Liebe die Menschen an wie Freunde (vgl. Ex33,11; Joh 15,14-15) und verkehrt mit ihnen (vgl. Bar 3,38), um sie in seine Gemeinschaft einzuladen und aufzunehmen".[23]

Die dogmatische Konstitution *Dei verbum* hat fast wortwörtlich die Lehre über den Glauben aus der Konstitution *Dei Filius* des Ersten Vatikanischen Konzils übernommen und die vom Trienter Konzil formulierten Grundsätze berücksichtigt. Gleichzeitig bedeutet sie aber auch den nächsten Schritt in den seit Jahrhunderten fortgesetzten Bestrebungen, über die Offenbarung im Lichte der biblischen Lehre und der gesamten patristischen Tradition nachzudenken und den Glauben besser zu begreifen.[24] In der Konstitution wird unterstrichen, dass durch seine Offenbarung Gott dem Menschen Anteil am göttlichen Reichtum geben wollte, der „die Fassungskraft des menschlichen Geistes schlechthin übersteigt".[25] Das II. Vatikanische Konzil wies nicht nur auf die kosmische Dimension der Offenbarung hin (was früher schon vor allem das I. Vaticanum getan hatte), sondern machte auf ihren übernatürlichen Charakter aufmerksam und unterstrich ihre heilsgeschichtliche Verwirklichung, die sich durch Christus im Heiligen Geist zum Vater hin vollzieht. Konstitutive Elemente der Offenbarung sind Werke, die Gott in der Geschichte der Menschheit als Heilstaten realisiert, wodurch die Offenbarung sowohl einen sakramentalen als auch geschichtlichen Charakter hat. Diese Werke bedeuten den Aufruf Gottes an den Menschen, von dem auch eine Antwort darauf er-

---

23 DV 2; vgl. K. Wojtyła: U podstaw odnowy, a.a.O., S. 42-43.

24 Vgl. FR 8; vgl. auch die dogmatische Konstitution über den katholischen Glauben *Dei Filius*, Kap. III: DS. 3008.

25 DV 6.

wartet wird. Dieser antwortet wiederum durch seinen Glauben. Die Offenbarung und der Glaube sind die Kernelemente der Begegnung des Menschen mit Gott, die sich in Jesus Christus in ihrer ganzen Fülle vollzogen hat. Er als der Offenbarer Gottes und selbst als Gott hat auch als Mensch Gott dem Vater die vollkommenste Antwort durch den Glauben gegeben, indem er ihm den gebührenden Gehorsam des Glaubens erwies.[26]

Der Brief an die Hebräer erinnert daran, dass es unmöglich ist, ohne Glauben Gott zu gefallen (vgl. Hebr 11, 6). Damit der Glaube beginnen und aufwachsen kann, ist die Gnade Gottes notwendig. Um glauben zu können, muss man durch diese Gnade gestärkt werden.[27] Das Konzil von Trient stellt wiederum fest: wenn Menschen, durch die Gnade Gottes angeregt und unterstützt, den Glauben annehmen, der aus dem Hören wächst, wenden sie sich freiwillig Gott zu und glauben, dass alles, was er offenbart hat, wahr ist.[28]

Das Zweite Vatikanische Konzil stellt fest: wir glauben dank Anregung und mit Hilfe der göttlichen Gnade.[29] Ohne sie sind wir nicht imstande, etwas zu tun: „Niemand kann zu mir kommen, wenn nicht der Vater, der mich gesandt hat, ihn zu mir führt" (Joh 6, 44). Nach dem Apostel Paulus ist der Glaube, wie bereits gesagt, ein Geschenk Gottes: „Denn aus Gnade seid ihr durch den Glauben gerettet, nicht aus eigener Kraft – Gott hat es geschenkt" (Eph 2, 8). Könnte der Mensch sich selbst und aus eigener Kraft auf den Glauben vorbereiten und ihn erwerben, wäre dieser keine Gnade Gottes. Der Anfang des Glaubens und sein Wachsen hängen von der göttlichen Hilfe ab. Es heißt aber nicht, dass ein Ungläubiger behaupten könnte, er habe diese Gabe nicht bekom-

26 Vgl. DV 5.
27 Vgl. AG 7.
28 Vgl. W. Granat: Konieczność łaski do aktu wiary. In: ders.: Dogmatyka katolicka. Teologiczna wiara, nadzieja i miłość. Bd. VI. Lublin 1960, S. 216.
29 Vgl. AG 7; vgl. auch W. Granat: Konieczność łaski do aktu wiary, a.a.O., S. 216.

men. Gott will doch, dass „alle Menschen gerettet werden und zur Erkenntnis der Wahrheit gelangen" (1 Tim 2, 4). „Die göttliche Vorsehung verweigert auch denen das zum Heil Notwendige nicht, die ohne Schuld noch nicht zur ausdrücklichen Anerkennung Gottes gekommen sind, jedoch, nicht ohne die göttliche Gnade, ein rechtes Leben zu führen sich bemühen. Was sich nämlich an Gutem und Wahrem bei ihnen findet, wird von der Kirche als Vorbereitung für die Frohbotschaft und als Gabe dessen geschätzt, der jeden Menschen erleuchtet, damit er schließlich das Leben habe".[30]

In seiner Lehre beruft sich das II. Vaticanum auf die Texte der Kirchenväter über den Glauben. Im Folgenden die Ansichten einiger von ihnen kurz gefasst:

- der heilige Klemens von Alexandrien – Der Glaube ist eine Gnade;
- der hl. Basilius – Der Glaube ist das Werk des Heiligen Geistes;
- der hl. Johannes Chrysostomus – Jesus sagt: „Niemand kann zu mir kommen, wenn nicht der Vater, der mich gesandt hat, ihn zu mir führt" (Joh 6, 44); wir sind also nicht dank unserer Verdienste, sondern aus Gnade berufen. Der Glaube stammt nicht von uns. Wenn Gott nicht gekommen wäre und uns nicht berufen hätte, auf welche Weise könnten wir glauben? Deshalb ist der Glaube nicht etwas von uns, sondern eine göttliche Gabe.
- Der hl. Augustinus – Den Glauben können wir nicht dem Willen des Menschen oder seinen Verdiensten, sondern nur Gott zuschreiben. Der Glaube ist nämlich von ihm geschenkt. Niemand hat genug Kraft, von alleine den Glauben zu beginnen und zu entwickeln: „Doch sind wir dazu nicht von uns aus fähig, als ob wir uns selbst etwas zuschreiben könnten; unsere Befähigung stammt vielmehr von Gott" (2 Kor 3, 5).[31]

---

30 LG 16.

31 Vgl. W. Granat: Konieczność łaski do aktu wiary, a.a.O., S. 215-219.

Gott führt den Menschen zum Glauben nicht nur dadurch, dass er den menschlichen Willen und die Vernunft beeinflusst. Er nutzt dazu auch alle Gelegenheiten und Umstände, in denen sich der Mensch gerade befindet. Manchmal auch ganz kleine Ereignisse, wie z. B. die Begegnung mit einem Priester, die Lektüre eines Buches, die Ansicht einer Kirche, Kirchengesang, Orgelspiel oder ein zufällig gehörtes Wort, können zu einem von der göttlichen Vorsehung gewählten, zum Glauben führenden Mittel werden. Jeden Menschen beschenkt Gott auf verschiedene, aber immer deutliche Art und Weise mit Gnade, die zum Glauben ausreicht.[32]

Wenn der Schöpfer den Menschen mit dem Glauben beschenkt, verletzt er nicht dessen Freiheit und natürliche Kräfte. Die Gnade des Glaubens überschreitet zwar die Ebene der Natur, sie bleibt aber immer mit dem Natürlichen im Menschen verbunden. Gott berücksichtigt die natürlichen Gesetze des menschlichen Handelns, die psychischen Möglichkeiten und Fähigkeiten des Menschen, seine moralische und geistige Struktur. Die göttliche Gnade bringt der Seele viel Energie, sie passt sich den Naturgesetzen an, und gemeinsam mit der Natur wird sie zur Quelle des geistigen Lebens. Zwischen Gnade und Natur besteht eine enge Beziehung. Das Werk der Schöpfung wurde von Gott so gedacht, dass es empfänglich für das Wirken der Gnade ist. Jeder Mensch besitzt die natürliche Fähigkeit, die göttliche Gnade anzunehmen. [33]

Gott schenkt die Glaubensgabe durch Christus als ihren Vermittler. Sie verlangt vom Menschen eine freiwillige Annahme der Offenbarung Christi.[34] Glauben kann man nicht ausschließlich dank der natürlichen Kraft der Vernunft, denn der Glaube ist ein mysteriöses Wirken Gottes, ein Geheimnis, das ihm gehört.

[32] Vgl. W. Granat: Opis współdziałania łaski Bożej w przygotowaniu do wiary i w jej utrzymaniu. In: ders., Dogmatyka katolicka, a.a.O., S. 219-220.

[33] Vgl. J. Brudz: Łaska Boża w psychologicznej analizie aktu wiary. In: Ateneum Kapłańskie Nr. 50 (1949), S. 210-212.

[34] Vgl. DH 14.

Nicht wir besitzen es, sondern es nimmt uns in seinen Besitz.[35] Im Glauben geht die Initiative von Gott aus. Er hat uns zuerst geliebt (vgl. 1 Joh 4, 19) und entdeckt vor uns seine Geheimnisse. Durch die Gnade gestärkt sollte der Mensch die Tür seines Herzens öffnen, die Gabe annehmen, mit Liebe darauf antworten und Gott so „einen vernunftgemäßen und freien Glaubensgehorsam leisten".[36] Auf diese Weise wird der Glaube auch zum Werk der menschlichen Person. Obwohl er eine göttliche Gabe ist, schließt er den „Beitrag" des Menschen absolut nicht aus, denn er verlangt Annahme und Mitwirkung. „Gott schenkt uns eine Gabe, und unsere Sache ist es, diese Gabe anzunehmen".[37]

Wenn Gott die Menschen mit der Gnade des Glaubens beschenkt, bewegt er ihre Herzen.[38] Der Mensch antwortet aber nicht immer auf die göttliche Liebe und Gnade.[39] Die Entscheidung, den Glauben anzunehmen, gehört zum Menschen. Gott bewegt ihn, um ihn auch zu sich hinzuwenden. Man könnte sagen, auf diese Weise will Gott im Grunde genommen den Menschen „auf sich aufmerksam machen". Es ist ein Ruf, den der Mensch nicht physisch, sondern in seinem Geist wahrnehmen kann. Die Erfahrung zeigt, dass die kostbarsten Gaben Gottes zu uns ganz unerwartet kommen und oft unbemerkt bleiben.[40]

Der Glaube wird den Menschen meistens nicht auf eine übernatürliche Art und Weise gegeben, infolge einer plötzlichen Erleuchtung oder eines wundersamen Erlebnisses, wie im Falle des hl. Paulus – des Apostels der Nationen. Die meisten Menschen müssen um den Glauben kämpfen und sich vorher entsprechend

---

35 Vgl. R. Roqueplo: O trudnościach wiary. Warszawa 1974, S. 36.
36 DH 10.
37 Paul VI.: Poznanie Boga a rozum. Generalaudienz vom 27. November 1968. In: ders.: Trwajcie mocni w wierze, a.a.O., S. 35.
38 Vgl. UR, Vorwort.
39 Vgl. R. Rogowski: Teologia żywej wiary. In: Znak, Nr. 222 (1972), S. 1582.
40 Vgl. A. J. Heschel: Wiara. In: W drodze, Nr. 10 (1975), S. 31.

vorbereiten, um die göttliche Gabe annehmen zu können.[41] In einem passenden Moment wird Gott sie beim Namen rufen, damit sie dank des Glaubens „nicht mehr für sich leben, sondern für den, der für sie starb und auferweckt wurde“ (2 Kor 5, 15).[42]

Der Glaube als Aufruf zum Heil

Das Heil ist im Christentum der Hauptbegriff, der eine den Menschen und der Welt von Gott angebotene und verwirklichte Fülle bedeutet. Für das richtige Verständnis, was das Heil ist, können sich zwei Betrachtungsweisen hilfreich erweisen. In der ersten hängt das Heil mit der menschlichen Erfahrung von Unglück und dem Zustand des „Un-Heils“ zusammen. Erst sie lassen den innigsten Wunsch des Menschen bestimmen und ihn mit solchen Worten ausdrücken wie: Glück, Wohlgefühl, Friede, Freude, Versöhnung, Gerechtigkeit, Befreiung, Erfüllung, Licht – mit einem Wort gesagt: das Heil. In der zweiten Betrachtungsweise ist das Heil das Erfahren Gottes, ein Versuch, zu der Wahrheit über ihn zu gelangen. In ihrem Licht wird Gott (unabhängig von seiner Macht) in seinem Wesen als Liebe betrachtet, die sich dem Menschen als Gnade verschenkt.

Die christliche Heilserfahrung hat ihren Anfang in den Erfahrungen des Volkes Israel, findet dann ihre wirkliche Grundlage und Fortsetzung im Leben und Tod Jesu Christi, um schließlich im Leben der Christen und in der christlichen Theologie übernommen und intellektuell reflektiert zu werden. Das Heil überschreitet zwar endgültig die Geschichte der Menschheit und der Welt als deren absolute Zukunft. Es erscheint aber in der Weltgeschichte, die zur Heilsgeschichte wird, weil sie die Wahrheit über den Menschen als Heilswahrheit enthält.[43]

41 Vgl. G. Krenzer: Taka jest nasza wiara. Paris 1981, S. 361.
42 Vgl. auch Römisches Messbuch, Eucharistisches Hochgebet IV, Trier 1988, S. 505.
43 Vgl. H. Waldenfels: Chrześcijaństwo. In: A. T. Khoury (Hg.): Leksykon podstawowych

Sowohl die griechische als auch die lateinische Bezeichnung für den alttestamentlichen Begriff des Heils sprechen von Rettung, Hilfe, Befreiung, Freikaufen und Heilung. Sie setzen also vom Unglück geprägte Situationen voraus: Haft, Gefangenschaft, Armut, Krankheit, Angst vor dem Tod, Ablehnung von Gott. Die wichtigsten Heilserfahrungen des Volkes Israel sind die Zeit seiner Verbannung und sein Exodus, also seine Herausführung aus der ägyptischen Sklaverei. Im Ereignis des Auszugs aus Ägypten erkennt Israel seinen Gott als einen, der aus der Gefangenschaft und von fremder Herrschaft befreit. In der schweren Zeit der Verbannung nach Babylonien erfahren die treuen Juden die Nähe Gottes, der sie selbst in dieser Not nicht verlässt. In Psalmen rufen Menschen in schwierigen Momenten ihres Lebens zu Gott, der im Grunde genommen immer da ist und ihnen beisteht.[44] Im Buch Ijob verweigert Gott keine Antwort auf die Fragen eines unschuldig Leidenden.

Diese konkreten Heilserfahrungen wurden vom Volk als die Verheißung des künftigen Heils aufgenommen, das man bereits im Alten Testament sowohl auf den Anfang, als auch auf das Ende der Geschichte bezog, weil man doch den Gott von Israel für den Schöpfer von Himmel und Erde und für den Richter über Lebende und Tote hielt. In der Zeit Jesu wurde das Erwarten des künftigen Heils nicht nur intensiver, sondern auch universaler. Jetzt betraf das Heil sowohl den einzelnen Menschen in seiner Ganzheit (Unsterblichkeit der Seele, Auferstehung der Körper, Erweckung der Toten), als auch die ganze Welt und Geschichte.[45]

In das Warten des jüdischen Volkes trat Jesus von Nazareth ein – als Christus (Messias) und Prophet, der die Eigenschaften vom Menschensohn, dem Diener Gottes und dem Retter (Erlöser) in sich vereinigt. In ihm wird also die Erwartung des endlichen Heils

pojęć religijnych: judaizm, chrześcijaństwo, islam. Warszawa 1998, Spalte 1224.

44 Vgl. A. Wodka: U źródeł odkupienia w Psalmach. In: R. Hajduk / M. Kotyński (Hg.): Ogarnięci tajemnicą Chrystusowego odkupienia. Kraków 2006, S. 28-29.

45 Vgl. H. Waldenfels: Chrześcijaństwo, a.a.O., Spalte 1224-1225.

konkretisiert und personalisiert. Die prophetische Beschreibung über Ankunft und des Wirkens des Messias (vgl. Jes 35, 5; 61, 1f) wird auf Jesus bezogen: „Blinde sehen wieder, Lahme gehen, und Aussätzige werden rein; Taube hören, Tote stehen auf, und den Armen wird das Evangelium verkündet" (Lk 7, 22). Alles, was in der Botschaft Jesu und in seinen Zeichen (Wundern) eine Ankündigung des mit ihm kommenden göttlichen Reiches und somit des Heils der Menschen war, fand und findet auch heute seine wirksame Grundlage in seinem Tod und seiner Auferstehung. Jesus wurde wegen unserer Verfehlungen hingegeben, „wegen unserer Gerechtmachung wurde er auferweckt" (Röm 4, 25). Das von Jesus aus Nazareth verkündete und vollzogene Heil betrifft die beiden äußersten Begrenzungen der menschlichen Existenz: den Tod und die Schuld. Gegen den Tod verspricht es das ewige Leben, und gegen die Schuld (die Sünde) – die Versöhnung mit Gott und eine liebevolle Gemeinschaft.[46]

Die Theologie versucht, mehr Licht auf die christliche Auffassung des Heils zu werfen, und hat bereits zum tieferen Verständnis mancher Tatsachen beigetragen. Erstens: das endgültige Heil ist das von Gott selbst vollzogene Heil, das den Menschen, und durch ihn auch die ganze Schöpfung, sich der von Gott ursprünglich gewollten Ordnung anschließen lässt. Zweitens: wenn die Beziehung zwischen dem Schöpfer und seiner Schöpfung durch die Sünde und ihre sozial-historischen Folgen getrübt oder geradezu zerstört wird, dann versteht man unter göttlichem Heil die Errettung, d.h. Befreiung aus der Entfremdung von Gott. Als ein selbstverständliches Zeichen von Überwindung dieser radikalen Entfremdung wird im Christentum der plötzliche, gewalt-

[46] Vgl. R. Hajduk: Kontynuacja dzieła odkupienia, czyli o Communio, komunikacji i relacjach międzyosobowych w posłudze duszpasterskiej. W: R. Hajduk / M. Kotyński (Hg.): Ogarnięci tajemnicą Chrystusowego odkupienia, a.a.O., S. 130; vgl. auch H. Waldenfels: Chrześcijaństwo, a.a.O., Spalte 1225.

same und ungerechte Kreuzestod Jesu betrachtet. Während Jesus durch seine mit Liebe erfüllte Selbstentäußerung (Gottessohn) die Offenbarung des göttlichen Wesens ist, ist das dem Menschen geschenkte Heil nur Gott selbst. Drittens: die Verankerung des endgültigen göttlichen Heils in der Geschichte (die Menschenwerdung Gottes, der Tod am Kreuz, die Auferstehung des Körpers) erinnert an das dem Menschen von Gott geschenkte Heil in Jesus Christus, dem alleinigen Erlöser.[47]

Das Heil Christi gilt für jeden Einzelnen, aber nicht nur für ihn als Individuum, sondern auch als soziales Wesen, und daher auch für die ganze menschliche Gemeinschaft. Das Heil Christi betrifft den Menschen und die Menschheit in ihrer absoluten Zukunft (das Jenseits). Die Hoffnung auf das jenseitige Heil findet aber ihre Bestätigung bereits im Diesseits, in der Aktualisierung der Heilszeichen aus dem Leben Jesu im jeweiligen Hier und Jetzt: in Heilungen, Befreiungsakten, der Förderung der Gerechtigkeit und des Friedens, in der Treue, in selbstloser Solidarität, im Einsatz für die Armen, Unterdrückten und Ausgeschlossenen, in der Liebe zu den zum Tode Verurteilten und zu den Toten.[48]

Das Heil Christi betrifft nicht nur die Menschheit (hat also nicht nur einen anthropologischen Charakter), sondern umfasst die ganze Schöpfung. Denn sie seufzt und wartet auf das Offenbarwerden der Söhne Gottes (vgl. Röm 8, 19-32). Im Christentum hat das Heil also einen kosmischen Charakter.[49]

Das endgültige und allgemeine Heil ist eine Gabe von Gott selbst. Der Mensch kann sie annehmen oder ablehnen. Zur Annahme der Heilsgnade ist der Glaube unentbehrlich. Nur der le-

47 Vgl. RMis 11; vgl. auch H. Waldenfels: Chrześcijaństwo, a.a.O., Spalte 1225-1226.

48 Vgl. W. Kirschläger: Hat Gott seinen Sohn in den Tod gegeben? – Zum biblischen Verständnis von Erlösung. In: E. Christen / W. Kirschläger (Hg.): Erlöst durch Jesus Christus. Freiburg (Schweiz) 2000, S. 40-41.

49 Vgl. H. Waldenfels: Chrześcijaństwo, a.a.O., Spalte 1226; vgl. auch M. Grabowski: Wiara w Jezusa – Syna Bożego w czasach New-Age'u. In: Homo Dei, Nr. 3 (2002), S. 13.

bendige Glaube befähigt den Menschen, das Heilswirken Gottes in Jesus Christus zu entdecken und anzunehmen, dieses Wirken, dessen Krönung die Einsetzung des allgemeinen Reiches Gottes am Ende der Zeit sein wird. Güter, die im Diesseits Assoziationen mit dem Heil wecken, solche wie Glück, Freiheit und Wohlergehen, können also nie mit dem absoluten, die Welt und die Geschichte überschreitenden Heil verwechselt oder gleichgesetzt werden.[50]

Die Heilsgeschichte zeigt uns Gott, der an den Menschen aus Sorge um sein Heil spricht. Es ist Gott, der dem Menschen den Weg zum Heil eröffnet, durch den Glauben[51] und in der Kirche, die zum Heil notwendig ist. Der lebendige und in der Kirche gegenwärtige Jesus Christus ist der Mittler und der Weg zum Heil.[52] „Aber der göttliche Heilsplan umfasst alle Menschen. Diejenigen, die ohne ihre Schuld die Frohbotschaft Christi und seine Kirche nicht kennen, aber aufrichtig Gott suchen und sich mit Hilfe der Gnade um die Erfüllung seines Willens bemühen, den sie aus den Forderungen ihres Gewissens klar erkannt haben – ihre Zahl ist freilich Gott allein bekannt – können das Heil erlangen“.[53]

Der Glaube ist zum Heil notwendig (vgl. Mk 16, 16).[54] Gott will den Menschen durch den Glauben erretten (vgl. Jes 12, 2; 35, 4; Gal 3, 11). Das Konzil von Trient lehrt: der Glaube ist der Beginn unseres Heils, die Grundlage und die Wurzel aller Rechtfertigung; „ohne Glauben ist es unmöglich, (Gott) zu gefallen“ (Hebr 11, 6) und die Erbschaft seiner Söhne zu erlangen.[55] Dadurch zeigen sich Gottes Liebe, Güte und Wohlwollen allen Menschen gegenüber. Gott geht als erster dem Menschen entgegen, um ihn ins überna-

---

50 Vgl. PO 4.
51 Vgl. Benedikt XVI.: Porta fidei, a.a.O., Nr. 3; vgl. auch VD 23; J. Pfammatter: Glaube nach der Heiligen Schrift, a.a.O., S. 796.
52 Vgl. Paul VI.: Credo des Volkes Gottes (30. Juni 1968).
53 Ebd. Vgl. auch K. Rahner: Podstawowy wykład wiary, a.a.O., S. 126.
54 Vgl. KKK 161.
55 Vgl. BF, VII, 67.

türliche Leben, ins Leben des Glaubens einzuführen. Der Glaube hat einen heilmachenden Charakter, denn er ruft den Menschen zum Heil auf.[56]

Der Heilswille Gottes ist universell und umfasst alle Menschen. Er hängt eng mit der alleinigen Vermittlung Jesu Christi zusammen, der das Heil vollkommen und endgültig verkündet und realisiert. Wenn der Mensch in seinem Glaubensakt die göttliche Offenbarung annimmt, wird er gleich vom Wirken der Gnade erfasst, und erfährt das Heil, das einerseits den Gegenstand des Glaubens bildet, andererseits aber eine Wirklichkeit ist, die sich im menschlichen Leben durch diesen Glauben realisiert.

Weil sich das Heil durch den Glauben realisiert, ist die Taufe notwendig, die den Gläubigen ins Mysterium des Lebens, der Leiden, des Todes und der Auferstehung des Herrn einführt. Ins Paschamysterium Jesu Christi eingefügt zu werden, bedeutet für den Christen, mit der sündigen Vergangenheit zu brechen und eine neue Existenz im Glauben zu beginnen (vgl. Röm 14, 7-9). Im Sakrament der Taufe wird der Mensch zum Teilnehmer einer neuen Wirklichkeit, er bekommt von Gott das Leben des Kindes Gottes, seines Erben und des Miterben Jesu Christi (vgl. Röm 8, 17; Gal 4, 7). So entsteht eine neue, personale Bindung des Menschen an Gott. Der erteilt ihm seine Gnade, die ihn verwandelt und vergöttlicht. Die Vereinigung des Menschen mit Gott führt zur vollen Verwirklichung der menschlichen Person (d.h. zum Heil). Durch den Glauben wird der Mensch zu einem neuen Geschöpf, tritt in eine neue Lebenssituation ein – er wird zu einem Gläubigen. Sein Glaube hat einen dynamischen Charakter, er kann sich also vertiefen und wachsen oder schwach werden und schwinden. Die Erhebung des Menschen zur Lebensgemeinschaft mit Gott bildet

---

[56] Vgl. W. Kasper: Rzeczywistość wiary, a.a.O., S. 94.

auch die Grundlage dafür, ihn in einen neuen Bezug zu anderen Personen zu bringen.[57]

Die Allgemeinheit des göttlichen Heilswillens wurde deutlich vom Zweiten Vatikanischen Konzil unterstrichen, das feststellte: „Wer nämlich das Evangelium Christi und seine Kirche ohne Schuld nicht kennt, Gott aber aus ehrlichem Herzen sucht, seinen im Anruf des Gewissens erkannten Willen unter dem Einfluss der Gnade in der Tat zu erfüllen trachtet, kann das ewige Heil erlangen. Die göttliche Vorsehung verweigert auch denen das zum Heil Notwendige nicht, die ohne Schuld noch nicht zur ausdrücklichen Anerkennung Gottes gekommen sind, jedoch, nicht ohne die göttliche Gnade, ein rechtes Leben zu führen sich bemühen. Was sich nämlich an Gutem und Wahrem bei ihnen findet, wird von der Kirche als Vorbereitung für die Frohbotschaft und als Gabe dessen geschätzt, der jeden Menschen erleuchtet, damit er schließlich das Leben habe".[58] Die göttliche Gnade, die dem Menschen hilft, das Heil zu erlangen, wirkt auch außerhalb der Kirche, um alle in die Gemeinschaft der Erretteten und in die Fülle des Lebens in Jesus Christus zu führen.

Diese göttliche Initiative erreicht den Menschen auf zweierlei Art und Weise: kosmisch oder übernatürlich. Im ersten Falle nutzt Gott die Kräfte der Natur, um in allen Daseinsformen, die er als gut und schön schuf, seine eigene Güte und Schönheit zu offenbaren. Auf diese Weise will er das menschliche Herz für das Göttliche sensibilisieren und es dadurch zu dem ungeheuren Geheimnis, das er selbst ist, herziehen. Außer dieser kosmischen gibt es – wie gesagt – eine übernatürliche Art, mit der göttlichen Heilsinitiative in Kontakt zu kommen. Diese beruht darauf, sich durch

---

57 Vgl. DV 5; vgl. auch R. Hajduk: Kontynuacja dzieła odkupienia, a.a.O., S. 133-137; J. Mastej: Wiara, a.a.O., S. 1327.

58 LG 16; vgl. Deutsche Bischofskonferenz: Katholischer Erwachsenen-Katechismus. Bd. 1: Das Glaubensbekenntnis der Kirche. Kevelaer 1985, S. 139.

den Glauben in das Geheimnis des Schöpfers zu vertiefen. Wir sehen diesen Weg bereits im Leben Abrahams (vgl. Hebr 11, 8),[59] der im Brief an die Römer „der Vater aller, die als Unbeschnittene glauben“ (Röm 4, 11) genannt wird. Ähnlich ist es auch im Leben anderer Patriarchen, die an der Spitze des auserwählten Volkes stehen, das zum Leben aus dem Glauben an Gott berufen wurde: „Dann werden sie mein Volk sein und ich werde ihr Gott sein“ (Ez 37, 23). Zu diesem Volk spricht Gott durch seine Propheten, deren Worte auf eine noch vollkommenere Möglichkeit hinweisen, wie man das Leben aus dem Glauben erreichen kann. Sie kündigen die Zeit an, in der den Menschen das Herz von Stein genommen und ein Herz von Fleisch gegeben wird (vgl. Ez 36, 26). Das wird Gott vollbringen, der in das Leben der Welt eingreift, um ihr das Heil zu bringen.

Eine von den Wirkungsweisen Gottes, und zwar die wichtigste, war sein Eintreten in die menschliche Geschichte durch die Menschenwerdung seines Sohnes. Es ist der höchste Akt, der den Menschen zum Glauben aufruft und sich für ihn gleichzeitig als sehr dramatisch erweist, denn er entscheidet über seinen Einstieg in die göttliche Wirklichkeit. Es bedeutet das Leben in einem Reich nicht von dieser Welt, das durch die Heilstaten Christi und sein interpretierendes Wort vermittelt wurde.[60] Dieses Wort wurde dann den Aposteln weitergegeben, die es dank der Kraft des Heiligen Geistes, des Trösters, in die ganze Welt bringen, um sie mit dem Geist des Evangeliums, dieser göttlichen Stärkung auf dem Wege zum Heil, zu erfüllen.

In seinen Aussagen unterstreicht das Zweite Vatikanische Konzil die Herablassung Gottes zu den Menschen. Um sein Geschöpf zu erreichen, bedient er sich des auf menschliche Art und Weise

---

[59] Vgl. PO 22; vgl. auch A. Jankowski: Wiara w Piśmie Świętym. In: Znak, Nr. 226-227 (1973), S. 530; L. Bouyer: Kościół Boży. Warszawa 1977, S. 180-182.

[60] Vgl. DV 14, 15.

formulierten Wortes. In seiner unsagbaren Güte und aus Sorge für unser Geschlecht hat er sich „in seinem Wort herabgelassen. Denn Gottes Worte, durch Menschenzunge formuliert, sind menschlicher Rede ähnlich geworden".[61] Mit Hilfe des Wortes tritt Gott also in Kontakt mit dem Menschen und nimmt einen Heilsdialog mit ihm auf, in dem er zu einer Antwort durch den persönlichen Glaubensakt und durch Taten aufruft.[62] Der wesentlichste Moment des göttlichen Herankommens an die Menschheit ist die Menschenwerdung, in der das Wort des ewigen Vaters durch die Annahme menschlich-schwachen Fleisches den Menschen ähnlich geworden ist.

Gott lässt sich den Menschen durch Wort und Tat erkennen und offenbart ihnen sich selbst, sein Geheimnis und seine Güte.[63] Diese wird in den Wundern Christi sichtbar (in der Heilung des Körpers, Auferweckung zum Leben, Vertreibung der bösen Geister) und regt diejenigen zum Glauben an, die seine göttliche Sendung anerkennen. Dadurch werden sie zu Teilhabern des himmlischen Reiches, zu dem Christus aufruft: „Kehrt um, und glaubt an das Evangelium!" (Mk 1, 15). Gottes Wort vergeht nie und behält immer seine Kraft. Daher ist es imstande, das Denken des Menschen in jeder Epoche zu erschüttern. Es kann ihn innerlich ansprechen, verwandeln und auf den Weg zur neuen Schöpfung bringen. Und diese beginnt, wenn im menschlichen Herzen der Glaube seine Früchte trägt, der – wie Paulus sagt – in der Botschaft, d.h. im Wort Christi gründet (vgl. Röm 10, 17).

Das Zweite Vatikanische Konzil betont den übernatürlichen Charakter des Glaubens. Gott ruft den Menschen zur Teilhabe an seinen göttlichen Geheimnissen, an seinem göttlichen Leben auf.

---

61 DV 13; vgl. VD 6.

62 Vgl. K. Parzych-Blakiewicz: Teologia historiozbawcza w dogmatyce polskiej XX wieku. Olsztyn 2010, S. 280.

63 Vgl. DV 14.

Der Glaube ist es, der dem Menschen übernatürliche Perspektiven eröffnet, in denen zugleich auch das tief in der geistigen menschlichen Natur Verwurzelte seine Erfüllung findet, nämlich das Wahre und Gute, die Liebe, die Freude und der Friede.[64] Das Licht des Glaubens befähigt den Menschen dazu, sich über das Irdische zu erheben und den für seine körperlichen Augen unsichtbaren Gott zu erkennen. Er kann Gott erkennen so, wie er ist, obwohl jetzt nur teilweise und unvollkommen, denn erst im Himmel wird er ihn von Angesicht zu Angesicht sehen und durch und durch erkennen, so wie er auch erkannt worden ist (vgl. 1 Kor 13, 12). Die Einladung Gottes zur Teilhabe an seinem Leben wird an die Menschen schon von ihrem Ursprung gerichtet – seitdem diese gefallen sind. Gott hat sie nach ihrem Fall nie verlassen, sondern leistet ihnen Unterstützung und Hilfe, damit sie das Heil in Jesus Christus erlangen können, den er als Erlöser gesandt hat. Gott ruft die Menschen unablässig zur Gemeinschaft mit ihm auf, die sie in das ewige, vollkommene Glück führt.[65]

Der Mensch ist also zum Anteil am göttlichen Reichtum berufen, der „die Fassungskraft des menschlichen Geistes schlechthin übersteigt".[66] Obwohl wir diese Gaben hier auf Erden nur zum Teil nutzen können, lässt uns die christliche Hoffnung ihre Fülle im Reich des himmlischen Vaters erwarten. Der von Gott erhaltene Glaube ist für den Menschen also sowohl eine Gabe, als auch eine Chance und ein Aufruf. Er gibt ihm die Möglichkeit, sich von dem Sichtbaren und Sinnlichen loszureißen, und sich auf die übernatürliche Ebene zu erheben und ins göttliche Leben einzusteigen. Auf diese Weise wird der Mensch „in das Geheimnis

---

64 Vgl. Johannes Paul II.: Plan objawienia wypełniony w Jezusie Chrystusie, a.a.O., S. 51.

65 Vgl. LG 2; GS 18, 19, 21; vgl. auch Z. Perz: Wiara a moralność. In: B. Bejze (Hg.): W nurcie zagadnień posoborowych. Bd. IV. Warszawa 1970, S. 151.

66 DV 6.

der Liebe Gottes eingeführt", der „ihn zu seiner persönlichen Gemeinschaft in Christus ruft".[67]

Die Rolle des Heiligen Geistes in der Spendung der Gnade des Glaubens

Der Gegenstand des Glaubens ist die Wahrheit von der Existenz und vom Wirken des Heiligen Geistes in der Welt. Diese Wahrheit wird von der Heiligen Schrift und der Tradition bestätigt. Obwohl der Heilige Geist unsichtbar bleibt, kann man sein Wirken im Leben und in der Missionstätigkeit der Kirche, sowie in den Herzen der Menschen (darunter auch der Nicht-Christen) nicht leugnen.

Obwohl das Vaticanum II kein rein pneumatologisches Dokument veröffentlicht hat, beruft es sich in vielen seinen Texten auf den Heiligen Geist und sein Wirken im Leben der Kirche, der Gläubigen und der Welt. Das Interesse an der Person und am Wirken des Heiligen Geistes wurde bereits im Programm des Konzils deutlich, das sich einige wichtige, vor allem pastorale Ziele setzte. Dazu gehörten: die Reform der Kirche „von innen", die Reflexion über das Erbe des Glaubens im veränderten und sich ständig verändernden kulturellen Kontext der Gegenwart, sowie der Platz der Kirche in der heutigen Welt. Bei den vom Konzil besprochenen Themen spielten die Überlegungen über den Heiligen Geist im gewissen Sinne also eine dienliche Rolle. Sie fügten sich hervorragend in den allgemeinen Kontext der Konzilssitzungen und der analysierten Probleme ein, weil sich doch die nachkonziliare Erneuerung ohne das Wirken des Heiligen Geistes nicht vollziehen könnte.[68]

---

[67] AG 13; vgl. AG 2.

[68] Vgl. Z. J. Kijas: Traktat o Duchu Świętym i łasce. In: E. Adamiak / A. Czaja / J. Majewski (Hg.): Dogmatyka. Bd. 4. Warszawa 2007, S. 438; vgl. auch K. Parzych-Blakiewicz: Teologia historiozbawcza w dogmatyce polskiej XX wieku, a.a.O., S. 320.

Das Vorhaben des vom Papst Johannes XXIII. einberufenen Konzils hat sein Nachfolger, Papst Paul VI. richtig interpretiert. Während der Audienz am 23. Mai 1973 hat er auf 258 Stellen in den Konzilsdokumenten hingewiesen, die sich auf die Dritte Person der Dreifaltigkeit beziehen. Es ist also nicht falsch, das Zweite Vatikanische Konzil als eine Versammlung mit ausgesprochen pneumatologischem Charakter zu betrachten.[69]

Das Konzil unterstreicht nachdrücklich den Zusammenhang zwischen dem Wirken des Heiligen Geistes und der Kirche. Der Heilige Geist wurde doch am Pfingsttag gesandt, um die Kirche ständig zu heiligen, und den Gläubigen auf diese Weise durch Christus in dem einen Geiste Zugang zum Vater zu gewähren (vgl. Eph 2, 18).[70] Der Heilige Geist wohnt in den Herzen der Gläubigen, macht diejenigen lebendig, die aufgrund der Sünde tot sind, bis er endlich ihre sterblichen Leiber in Christus auferwecken wird (vgl. Röm 8, 10f). Gottes Geist wohnt in der Kirche, aber auch im Inneren der Menschen, wie in einem Tempel (vgl. 1 Kor 3, 16; 6, 19); in ihnen redet er und bezeugt ihre Annahme an Sohnes Statt (vgl. Gal 4, 6; Röm 8, 15f. 26). Seine Aufgabe ist es, die Kirche in alle Wahrheit einzuführen (vgl. Joh 16, 13), sie in Gemeinschaft und Dienstleistung zu einen, sie durch die verschiedenen hierarchischen und charismatischen Gaben zu leiten und in ihr gute Früchte zu bringen (vgl. Eph 4, 11f; 1 Kor 12, 4-11; Gal 5, 22). Das Konzil erinnert daran, dass Christus seine Kirche durch den Heiligen Geist, den Lebensspender, gegründet hat,[71] der das Gottesvolk heiligt und belebt, und durch den Dienst des Amtes und durch die Sakramente den Gläubigen auch besondere Gaben schenkt, indem er einem jeden seine besondere Gabe zuteilt, wie er will (vgl. 1 Kor 12, 7-11).[72]

69 Vgl. Z. J. Kijas: Traktat o Duchu Świętym i łasce, a.a.O., S. 438.
70 Vgl. LG 4.
71 Vgl. LG 48.
72 Vgl. AA 3; vgl. auch Z. J. Kijas: Traktat o Duchu Świętym i łasce, a.a.O., S. 439.

Das II. Vatikanische Konzil macht auch auf die Anwesenheit und das Wirken des Heiligen Geistes in der Weltgeschichte aufmerksam, und lehrt, dass sie von Anbeginn seiner Kraft unterworfen ist. Er war da und wirkte, „ehe Christus verherrlicht wurde",[73] und wurde von ihm gesandt, um sein Heilswerk von innen her zu wirken und die Kirche zu ihrer eigenen Ausbreitung zu bewegen.[74] Heutzutage leitet er wiederum den Lauf der Zeiten, erneuert das Antlitz der Erde und steht der Entwicklung der ganzen Menschheit bei.[75]

Am Pfingsttage ist der Heilige Geist auf die im Abendmahlssaal versammelten und mit Maria, der Mutter des Erlösers, betenden Jünger herabgekommen, um auf immer bei ihnen zu bleiben (vgl. Apg 2, 1-4).[76] Mit dem Kommen des Geistes sahen sich die Jünger Christi in die Lage versetzt, die ihnen anvertraute Sendung zu erfüllen, die heute von ihren Nachfolgern fortgesetzt wird.[77] Wenn wir die Apostelgeschichte verfolgen, sehen wir die bedeutsame Rolle des Heiligen Geistes in der Entwicklung der Kirche. Er wohnt in den Gläubigen, schafft ihre wunderbare Gemeinschaft und verbindet alle in Christus.[78] Er kommt auch auf die Heiden herab und macht sie zu Bekennern der neuen Religion (vgl. Apg 10, 1-48). Dank dem Wirken des Heiligen Geistes ist es für den Menschen möglich, zum Glauben zu kommen und den Glaubensakt zu vollziehen,[79] um dann durch diesen Glauben zur Kontemplation und zum Verständnis der göttlichen Geheimnisse und des göttlichen Plans zu gelangen.[80]

---

73 AG 4.

74 Vgl. ebd.

75 Vgl. GS 26.

76 Vgl. AG 4, LG 4, DeV 30; vgl. auch L. Balter: Duch, który woła. In: L. Balter (Hg.): Powołanie człowieka. Powołanie do apostolstwa. Warszawa Poznań 1975, S. 44.

77 Vgl. DeV 25.

78 Vgl. UR 2.

79 Vgl. S. Gręś: Eschatologiczny wymiar obecności Ducha Świętego w ziemskim życiu człowieka. In: L. Balter / S. Dusza / F. Mickiewicz (Hg.): Duch Odnowiciel. Kolekcja Communio. Bd. 12. Poznań 1998, S. 346.

80 Vgl. Z. J. Kijas: Traktat o Duchu Świętym i łasce, a.a.O., S. 455.

Dadurch, dass der Heilige Geist an der Heilsökonomie Jesu Christi teilhat, ist er der Gnadenspender und, theologisch gesehen, der Stifter des Glaubens im Menschen. Die Christen verdanken ihm den Beginn ihres Glaubens, denn im Sakrament der Taufe wurden sie „aus Wasser und Geist geboren" (Joh 3, 5. 8). Unter den Gaben des Heiligen Geistes, die der Apostel Paulus in seinem ersten Brief an die Korinther nennt, gibt es auch die Gabe der Glaubenskraft (vgl. 1 Kor 12, 8-10).

Der Heilige Geist macht den Menschen zur Annahme der göttlichen Offenbarung veranlagt: er öffnet und bewegt das Herz, wendet es Gott zu und leistet auf diese Weise seine innerliche Hilfe.[81] Er schenkt dem menschlichen Verstand Licht, damit die Wahrheit über Christus bekannt und angenommen werden kann,[82] er bewegt und befähigt den Willen des Menschen, beruft ihn zur Heiligkeit und regt zur vollkommenen Liebe an.[83] Er bringt ihn in einen lebendigen Kontakt mit Gott und hilft ihm, die göttlichen Gaben tiefer zu erkennen (vgl. 1 Kor 2, 10-12). Durch erleuchtete Augen des Herzens (vgl. Eph 1, 17-19) und des Verstandes (vgl. Hebr 6, 4; 10, 32) befähigt der Heilige Geist den Menschen dazu, den sich offenbarenden Gott richtig zu erkennen und anzunehmen. Wenn der Mensch Gott erkennt, sieht er und begreift die Größe der göttlichen Gabe, die er in der Demut seiner Vernunft annimmt. Ohne die Erleuchtung und Eingebung des Heiligen Geistes wäre er nicht imstande, die Heilsbotschaft zu erkennen und anzunehmen. Der Heilige Geist hilft dem Menschen, die Glaubensentscheidung zu treffen, im Glauben auszuharren und ihn mutig zu bekennen (vgl. 1 Kor 12, 3). Der Geist-Paraklet, der im Menschen wirkt, ist eine Gabe des Vaters und des Sohnes; er stammt vom Vater (vgl. Joh 14, 16. 26) und vom Sohn (vgl. Joh 15, 26; 16, 14f). Sein Wirken vollzieht sich weder außer-

[81] Vgl. DV 5; vgl. auch K. Wojtyła: U podstaw odnowy, a.a.O., S. 20.
[82] Vgl. DV 5, 8; GS 10.
[83] Vgl. LG 39.

halb noch neben dem Wirken Christi, sondern im Rahmen der einzigen Heilsökonomie des Dreieinigen Gottes. Indem der Geist, der Tröster, das Gebet der Christen unterstützt (vgl. Röm 8, 26; Gal 4, 6), trägt er zur Vertiefung ihrer theologalen Tugend des Glaubens bei; damit vollbringt er die Heiligung des Menschen (vgl. 1 Petr 1, 2).[84]

So wie einst durch die Propheten redet der Heilige Geist heute durch die inspirierten Schriften und durch den Mund der zur Verkündigung des Evangeliums Berufenen, und regt die Menschen zum Leben in der Treue Gottes an. Er verwandelt die Herzen (vgl. Ez 36, 26), beruft und versammelt das Volk des Neuen Bundes, d.h. die Kirche, in der Einheit des Glaubens, der Hoffnung und der Liebe; er wohnt in den Gläubigen, aus Christi Willen schenkt er ihnen den Glauben[85] und vervollkommnet ihn durch seine Gaben, um das Verständnis der Offenbarung mehr und mehr zu vertiefen.[86]

Der Heilige Geist verleiht auch ein neues, übernatürliches Leben.[87] Er wirkt mit großer Kraft und macht die bisher Ungläubigen zu Gläubigen, lässt die in Sünden und fern von Gott lebenden Menschen umkehren, damit sie ihm mit Kindesvertrauen aufrichtig anhangen (vgl. Apg 16, 14).[88] Durch die Gabe des Glaubens schafft er unaufhörlich neue, zum göttlichen Leben fähige Menschen, belebt und durchdringt sie und vereint zu einer großen Familie der Kinder Gottes. Der von ihm geschenkte Glaube ist nur eine von seinen verschiedenen Gaben, von denen der heilige Paulus in seinem Brief an die Korinther sagt: „Dem einen wird vom Geist die Gabe geschenkt, Weisheit mitzuteilen, dem andern durch den gleichen Geist die Gabe, Erkenntnis zu vermitteln, dem dritten im gleichen Geist Glaubenskraft, einem andern

84 Vgl. DV 5; vgl. auch J. Mastej: Wiara, a.a.O., S. 1326.
85 Vgl. UR 2.
86 Vgl. DV 5.
87 Vgl. DeV 52.
88 Vgl. AG 13.

– immer in dem einen Geist – die Gabe, Krankheiten zu heilen" (1 Kor 12, 8-9).[89]

Die Vervollständigung des Glaubens, zu dem der Geist Christi führt, ist die heilige Taufe (vgl. 1 Kor 6, 11), die auch das Sakrament des Glaubens genannt wird.[90] Die Kraft des Heiligen Geistes erfüllt das Herz des Getauften, schenkt und stärkt sein Glaubensleben, spornt ihn zum Handeln an[91] und macht ihn zum Kinde Gottes, das zu seinem Schöpfer „Abba, Vater!" rufen kann (vgl. Röm 8, 15). Diese neue, dank der Kraft des Geistes entstandene Beziehung zum Herrn im Himmel verwandelt den Getauften in ein neues Dasein, in eine neue Schöpfung, denn „das Alte ist vergangen, Neues ist geworden" (2 Kor 5, 17).[92]

Durch sein Wirken bewegt der Heilige Geist den Christen dazu, aus dem Glauben zu leben,[93] den Glauben zu bezeugen und im Glauben zu wachsen. Er belebt, erneuert und vertieft den Glauben. Er vervollkommnet ihn ständig durch seine Gaben.[94] Die Frucht seines Wirkens im Menschen ist das Einführen in die ganze Wahrheit, das sich im Glauben und mit Hilfe des Glaubens verwirklicht.[95]

Durch den Geist „kann der Mensch im Glauben zum Betrachten und Verkosten des Geheimnisses des göttlichen Heilsplanes gelangen".[96]

---

89 Vgl. L. Balter: Duch, który woła, a.a.O., S. 46.
90 Vgl. S. Gręś: Eschatologiczny wymiar obecności Ducha Świętego w ziemskim życiu człowieka, a.a.O., S 345.
91 Vgl. Paul VI.: Credo des Volkes Gottes, a.a.O.
92 Vgl. AG 15; vgl. auch A. Jankowski: Duch Dokonawca. Katowice 1983, S. 44.
93 Vgl. S. Gręś: Eschatologiczny wymiar obecności Ducha Świętego w ziemskim życiu człowieka, a.a.O., S. 352.
94 Vgl. DV 5; vgl. auch Johannes Paul II.: Wiara odpowiedzią na samoobjawienie się Boga. Generalaudienz vom 10. April 1985. In: ders.: Wierzę w Boga Ojca Stworzyciela, a.a.O., S. 56.
95 Vgl. DeV 6.
96 RMis 28.

Der Heilige Geist „weht, wo er will“ (vgl. Joh 3, 8). Er aktualisiert das Evangelium und das Verständnis des Wortes Gottes.[97] Er ist es, der die Kirche erneuert, damit sie ihrem Herrn treu bleiben kann.[98]

Das ganze Volk Gottes nimmt am prophetischen Amt Christi teil, über das die dogmatische Konstitution *Lumen gentium* sagt: „Die Gesamtheit der Gläubigen, welche die Salbung von dem Heiligen haben (vgl. 1 Joh 2, 20. 27), kann im Glauben nicht irren. Und diese ihre besondere Eigenschaft macht sie durch den übernatürlichen Glaubenssinn des ganzen Volkes kund“.[99] Das Zweite Vatikanische Konzil erinnert daran, dass dieser Glaubenssinn vom Geist der Wahrheit geweckt und genährt wird. Dank ihm hält die Kirche „den einmal den Heiligen übergebenen Glauben (vgl. Jud 3) unverlierbar fest, [...] dringt mit rechtem Urteil immer tiefer in den Glauben ein und wendet ihn im Leben voller an“.[100]

Mehrmals erwähnt das Konzil den Geist des Herrn, der „den Erdkreis erfüllt“,[101] „den Lauf der Zeiten leitet und das Antlitz der Erde erneuert“,[102] der den Menschen immerfort inspiriert und sein Herz zu Gott wendet.[103] Der Heilige Geist erneuert den Menschen und macht ihn zur neuen Schöpfung.[104] Sein Werk ist das ganze christliche Leben. Er ist es, der das Heilswerk Jesu Christi entwickelt, indem er alle zu Gott führt.[105]

Durch sein Wirken führt der Heilige Geist also die Menschen zu ihrem endgültigen Ziel – zum ewigen Glück mit Gott im Himmelreich. Dank dem Geist des Herrn verbreitet und festigt sich

97 Vgl. LG 8, 23; vgl. auch Y. Congar: Pneumatologia Soboru Watykańskiego II. In: ders.: Wierzę w Ducha Świętego. Bd. 1. Warszawa 1997, S. 231.

98 Vgl. LG 9; GS 21, 43; PO 22.

99 LG 12.

100 Ebd. Vgl. Johannes Paul II.: Duch Święty źródłem wiary. Generalaudienz vom 8. Mai 1991. In: ders.: Wierzę w Ducha Świętego, Pana i Ożywiciela. Watykan 1992, S. 366-367.

101 GS 11.

102 GS 26.

103 Vgl. GS 41; vgl. auch Y. Congar: Pneumatologia Soboru Watykańskiego II, a.a.O., S. 233.

104 Vgl. GS 22, 37.

105 Vgl. Z. J. Kijas: Traktat o Duchu Świętym i łasce, a.a.O., S. 383.

der Glaube an den eingeborenen Sohn Gottes. Wer an ihn glaubt, hat das ewige Leben (vgl. Joh 3, 16).[106]

[106] Vgl. DeV 49; vgl. auch M. Kowalczyk: Duch Święty w życiu i działalności Ludu Bożego. In: L. Balter / S. Dusza / F. Mickiewicz (Hg.): Duch Odnowiciel, a.a.O., S. 204.

Die Antwort des Menschen auf die Gabe des Glaubens

Die spezifisch christliche, im Neuen Testament dargestellte Form des Glaubens ist das radikale Sich-Anvertrauen des Menschen an Gott, der sich in der Geschichte offenbart. Obwohl der Glaube als eine Erkenntnisweise aus der ganzen Haltung des Christen Gott gegenüber ausgesondert wird, ist er kein vom Leben isolierter Akt, sondern eine persönliche Antwort des Menschen auf den Ruf Gottes. Der Glaube umfasst die Anerkennung der Wahrheit und den Gehorsam, die innere Zustimmung und den äußeren Bekennungsakt, das Vertrauen zum heilenden Gott und die Hoffnung auf das endgültige Heil. Der Glaube ist dank der Gnade möglich (vgl. Röm 8, 29; 9, 6f) und kann nur in der Perspektive des ganzen übernatürlichen Mit-Gnade-Beschenkt-Seins verstanden werden. In der christlichen Auffassung ist er eine personale, freiwillige Zustimmung des Glaubenden, sich von dem in Jesus Christus vollzogenen Heilswerk Gottes umfassen zu lassen. Solch ein Verständnis des Glaubens berücksichtigt die notwendige Beteiligung des Intellekts und des Willens in der gänzlichen Antwort der menschlichen Person und trennt den göttlichen Akt der Wahrheitsverkündigung nicht von der Initiative Gottes, die zum vollen Heil führt.[1]

---

1 Vgl. H. Schlosser: Wiara / Chrześcijaństwo. In: A. T. Khoury (Hg.): Leksykon podstawowych pojęć religijnych, a.a.O., Spalte 1134.

Der Glaube ist ein Akt des Individuums, das auf die Initiative des mit dem Heil beschenkenden Gottes antwortet. Die Gabe des Glaubens verlangt die Antwort des Menschen. Diese aber muss freiwillig sein,[2] niemand darf also den Menschen gegen seinen Willen zwingen, den Glauben anzunehmen.[3]

Der Glaube - diese Gabe Gottes für den Menschen - ist zugleich eine theologale Tugend, eine dauernde Verfasstheit des Geistes,[4] das heißt also eine feste innere Haltung. So gesehen erfordert er die ständige Sorge des Gläubigen. Diese Sorge ist ein Ausdruck der bewussten Mitwirkung des Menschen mit der Gnade des Glaubens.[5]

Der Glaube als Akt des Menschen

Das Zweite Vatikanische Konzil stellt fest, dass der Mensch sich Gott als ganzer in Freiheit überantwortet, indem er ihm seinen Verstand und Willen voll unterwirft[6] und der göttlichen Offenbarung willig zustimmt.[7] Der Glaube drückt sich also in der Haltung des Menschen aus. Sie gehört zum Wesen des Glaubens, denn sie entspricht der wahren Wirklichkeit der Offenbarung.[8] Sie ist der erste Akt, mit dem der Mensch auf die göttliche, dem Glauben vorausgehende Offenbarung antwortet.[9]

---

2 Vgl. DH 10 und KKK 160; vgl. auch B. Sesboüé / Ch. Theobald: Historia dogmatów. In: B. Sesboüé (Hg.): Słowo Zbawienia. Bd. 4. Kraków 2003, S. 491.

3 Vgl. DH 9, 10; AG 13; KKK 160; CIC Kan. 748, § 2.

4 Vgl. SpS 7; vgl. auch M. Rusecki: Rozum i wiara z perspektywy teologii fundamentalnej w świetle encykliki „Fides et ratio". In: Analecta Cracoviensia XXXIV (2002), S. 251.

5 Vgl. Johannes Paul II.: Wiara chrześcijańska: Wiara ugruntowana w Słowie Bożym. Generalaudienz vom 19. Juni 1985. In: ders.: Wierzę w Boga Ojca Stworzyciela, a.a.O., S. 94.

6 Vgl. I. Vatikanisches Konzil: Die dogmatische Konstitution *Dei Filius*, Kap. 3: DS 1789 (3008), BF I, S. 48.

7 Vgl. DV 5; vgl. auch A. Zuberbier: Wiara. In: ders. (Hg.): Słownik teologiczny. Katowice 1998, S. 629; vgl. auch B. Sesboüé / Ch. Theobald: Historia dogmatów, a.a.O., S. 245.

8 Vgl. VD 25; vgl. auch K. Wojtyła: U podstaw odnowy, a.a.O., S. 172.

9 Vgl. Johannes Paul II.: Co to znaczy wierzyć. Generalaudienz vom 13. März 1985. In: Wierzę w Boga Ojca Stworzyciela, a.a.O., S. 39-40.

Der Glaube stellt die menschliche Antwort auf die Offenbarung Gottes dar, falls er gleichzeitig auch die sich auf den Akt des freien Willens stützende Überzeugung von der Wahrheit der Offenbarung ist.[10] Diese Antwort des Glaubens ist nur dann möglich, wenn Gott als erster dem Menschen entgegenkommt, die Augen seines Herzens öffnet (vgl. Eph 1, 18) und ihn dadurch mit dem Lichte seiner Wahrheit erleuchtet. Der Glaube ist also eine den Menschen erleuchtende Gabe der göttlichen Gnade. Wenn er angenommen wird, wird er zu einem freien und persönlichen Akt des Menschen und zu seinem gänzlichen Sich-Anvertrauen an Gott.[11] Der Glaubensakt vollzieht sich nur im Mitwirken mit der Gnade Gottes,[12] „einzeln und gemeinschaftlich, frei und bewusst, innerlich und äußerlich, demütig und freimütig".[13] Die Antwort des Menschen, die er Gott im Glauben gibt, sollte seine ganze Existenz umfassen.

Die dogmatische Konstitution über die göttliche Offenbarung unterstreicht: „Dieser Glaube kann nicht vollzogen werden ohne die zuvorkommende und helfende Gnade Gottes und ohne den inneren Beistand des Heiligen Geistes, der das Herz bewegen und Gott zuwenden muss. [...] Dieser Geist vervollkommnet den Glauben ständig durch seine Gaben, um das Verständnis der Offenbarung mehr und mehr zu vertiefen".[14] Der Glaube ist also – ähnlich wie die Offenbarung – eine Begegnung Gottes und des Menschen; es begegnen sich der sich mitteilende Gott und der sich ihm anvertrauende Mensch. Der Glaube ist auch ein ganzheitlicher Akt des Menschen, in den er seine Vernunft, seinen

[10] Vgl. Johannes Paul II.: Wiara dobrowolnym przeświadczeniem o prawdzie Bożego Objawienia. Generalaudienz vom 17. April 1985. In: ders.: Wierzę w Boga Ojca Stworzyciela, a.a.O., S. 59.

[11] Vgl. DV 5; vgl. auch H. Waldenfels: O Bogu, Jezusie Chrystusie i Kościele dzisiaj. Katowice 1993, S. 298.

[12] Vgl. J. Mastej: Wiara, a.a.O., S. 1323.

[13] Vgl. Benedikt XVI.: Porta fidei, a.a.O., Nr. 4.

[14] DV 5.

Willen und „sein Herz" einbezieht. Desweiteren ist er das Werk des Heiligen Geistes, der dem Menschen zuvorkommt und Beistand leistet, ihn bewegt und öffnet, und ihn dadurch verwandelt und formt. Dank dem Geist entwickelt sich der Glaube, der den Menschen sich durch Christus und mit Christus im Heiligen Geist direkt an Gott wenden lässt.[15] Der Glaube ist nicht nur die Überzeugung, dass es Gott gibt. Er bedeutet vor allem ein freies, vertrauensvolles Sich-Hingeben und Anvertrauen an Gott, der unser Anfang und Ziel, unsere Kraft und der Inhalt unseres Lebens ist. Der Glaube ist auch eine persönliche Bindung des Menschen an Gott,[16] ein freiwilliges Sich-Hinwenden zu dem, der sich durch die Offenbarung erkennen lässt,[17] und eine freie Zustimmung zu der ganzen von ihm geoffenbarten Wahrheit.[18] Der Glaube bedeutet eine Tat, einen Akt also, in dem der Mensch Gott sein ganzes Sein anvertraut. Einerseits ist er ein Akt der Vernunft, der darauf beruht, die von Gott geoffenbarte Wahrheit zu erkennen und anzunehmen. Durch den Glauben lernt der Mensch neue Inhalte kennen und nimmt sie an, nicht wegen ihrer Selbstverständlichkeit, sondern um die Autorität und Glaubwürdigkeit Gottes selbst willen, der sich nicht irren und niemanden irreführen kann.[19] Andererseits ist der Glaube ein Akt des Willens und der Gefühle. Wenn man ihn analysiert, kann man deshalb keinen der Bereiche des menschlichen Lebens unberücksichtigt lassen.

Die dogmatische Konstitution über die göttliche Offenbarung hat den Glauben als ein Akt der ganzen menschlichen Person dargestellt, die sich Gott dank seiner Gnade überantwortet und

---

15 Vgl. H. Waldenfels: O Bogu, Jezusie Chrystusie i Kościele dzisiaj, a.a.O., S. 299.

16 Vgl. KKK 150; vgl. auch J. Krucina: Wiara a Kościół jazko wspólnota. In: B. Bejze: W nurcie zagadnień posoborowych, a.a.O., S. 122; H. Witczyk (Hg.): Encyklopedia chrześcijaństwa. Historia i współczesność. 2000 lat nadziei. Kielce 2000, S. 752.

17 Vgl. Johannes Paul II.: Co to znaczy wierzyć, a.a.O., S. 41.

18 Vgl. KKK 150; vgl. auch A. Zuberbier: Wiara, a.a.O., S. 631.

19 Vgl. B. Sesboüé / Ch. Theobald: Historia dogmatów, a.a.O., S. 246.

voll unterwirft.[20] Der Glaubensakt hat die Struktur eines interpersonalen Ereignisses, da er eine Begegnung des Menschen mit dem personalen Gott ist. Der Initiator dieser Begegnung ist der sich offenbarende Gott. Diesen göttlichen Ruf erkannt, sollte der Mensch darauf mit seiner persönlichen Entscheidung des Glaubens antworten.

Damit es zum Glaubensakt kommen kann, sind bestimmte Voraussetzungen seitens des Subjekts zu erfüllen. Die wichtigste und unentbehrlichste davon ist seine personale Existenz, aus der die Subjektivität des Handelns resultiert. Der Mensch als Person erkennt, wählt, entscheidet und vollbringt bestimmte Taten vernünftig und frei. Am Glaubensakt beteiligt er sich mit allen seinen geistig-seelischen und körperlichen Kräften, es ist also ein Akt der ganzen menschlichen Person. Trotz der inneren Einheitlichkeit dieses Aktes kann man darin die Teilnahme von verschiedenen menschlichen Kräften (des Verstandes, des Willens und der Gefühle), aber vor allem das Wirken der göttlichen Gnade unterscheiden.[21]

Das II. Vatikanische Konzil fasst den Glauben anthropologisch auf und beschreibt auf diese Weise seine Elemente in der gesamten Haltung des Menschen. Der Glaube betrifft also das ganze menschliche Leben. Darin gibt sich der Mensch in totaler Freiheit an Gott hin.[22]

Der Glaubensakt ergibt sich aus der freien Entscheidung des Menschen. Das Wirken des Willens äußert sich auf zweierlei Art: als eine Wahl und als Handeln. Der Wille verlangt nach Gutem, wählt es und entscheidet sich, bestimmte Schritte zu unternehmen, um es zu erreichen. Dieses Gute im Glaubensakt sind

20 Vgl. DV 5.
21 Vgl. J. Mastej: Wiara, a.a.O., S. 1324.
22 Vgl. DV 5; vgl. auch Ch. Schütz: Praktisches Lexikon der Spiritualität. Freiburg 1988, S. 526.

Gott selbst und seine Offenbarung. Die menschliche Person sollte zuerst ihr Sein und ihre Existenz richtig erkennen, denn falsches Erkennen des eigenen Seins kann zum falschen Erkennen der übernatürlichen Wirklichkeit führen, und im Endergebnis die Glaubensentscheidung wesentlich erschweren oder geradezu unmöglich machen.

Wenn der Mensch die Wahrheit anerkennt, dass er ein geschaffenes, personales Sein, ein körperlich-seelisches Wesen mit Menschenwürde ist, ist es ihm leichter, im Glauben eine persönliche Begegnung mit Gott zu erleben. Der Glaubensentscheidung kann aber auch Verschiedenes im Wege stehen: die Fokussierung auf das Diesseits, die Bindung an das scheinbar Gute, der Hochmut, der Mangel an moralischem Sinn. Um die Offenbarung anzunehmen, ist es notwendig, dass der Mensch sich für die ihn umgebende Wirklichkeit sensibilisiert und öffnet, das richtige Wertesystem entwickelt und die übernatürliche Wirklichkeit akzeptiert.

Damit der Glaube überhaupt beginnen kann, ist der gute Wille des Subjekts unentbehrlich. Nur ein offener Mensch mit gutem Willen bereichert seine Persönlichkeit durch die Begegnung mit dem authentisch Wahren, Guten, Schönen und mit der Liebe. Er stimmt diesen Werten zu und erkennt ihre Abstammung von Gott an. Die Beteiligung des freien Willens wird sowohl auf dem Wege zum Glauben (d.h. vor dem Glaubensakt), als auch in der Glaubensentscheidung selbst sichtbar. Eine wichtige Rolle im Glaubensakt kommt auch der emotionalen (positiven oder negativen) Einstellung sowie den Gefühlen zu.[23]

Da der Glaube völlig das Werk Gottes und zugleich völlig das Werk des Menschen ist, erfüllt sich darin hier und jetzt die Geschichte der Verbindung zwischen Gott und dem Menschen. Der Glaube ist die endgültige Begegnung, Gemeinschaft und Freund-

---

[23] Vgl. J. Mastej: Wiara, a.a.O., S. 1324-1325.

schaft mit dem Schöpfer, eine persönliche Beziehung mit Gott, dem es – wie das Zweite Vatikanische Konzil lehrt – gefallen hat, die Menschen „zur Teilhabe an seinem Leben zu rufen".[24] Gott ruft den Menschen zur Teilhabe an seinem Leben durch den Glauben an Jesus Christus. Der Glaube ist also eine persönliche Begegnung des Menschen mit Gott, der sich endgültig und vollkommen in Jesus Christus offenbart.[25]

Gott enthüllt seine Geheimnisse vor dem Menschen auf eine übernatürliche Art und Weise, er beeinflusst dessen Verstand und Herz, damit er sich für die göttliche Offenbarung öffnen kann. Der Mensch dagegen antwortet Gott durch seinen Glauben und seine Taten. Der Glaube ist also ein Lebensdialog des Menschen mit Gott. Gott redet und lädt ein, und der durch die Gnade des Lichts und der Kraft gestärkte Mensch antwortet ihm.[26] So verwirklichen sich das menschliche Sein und das Heil des ganzen Menschen. Wer glaubt, erlangt das Heil.[27]

Wenn der Mensch eine positive Antwort auf die Gabe des Glaubens gibt, unterordnet er sein Leben dem göttlichen Willen und vertraut sich ganz Gott an.[28] Der Glaube bedeutet hier den Gehorsam des menschlichen Verstandes und Willens dem offenbarenden Gott gegenüber. Gott den Gehorsam zu leisten heißt, das von ihm Geoffenbarte in Wahrheit anzunehmen.[29] Damit es zu solch einer Entscheidung kommen kann, muss der vom Christen in der heiligen Taufe empfangene Glaube entsprechende Etappen seiner Entwicklung durchmachen (vgl. 2 Kor 10. 15) und endlich seine

---

24 AG 2.

25 Vgl. KKK 166.

26 Vgl. F. Zapłata: Wiara a misje. In: B. Bejze: W nurcie zagadnień posoborowych, a.a, O., S. 130; vgl. auch M. Rusecki: Rozum i wiara z perspektywy teologii fundamentalnej w świetle encykliki „Fides et ratio", a.a.O., S. 252.

27 Vgl. Deutsche Bischofskonferenz: Katholischer Erwachsenen-Katechismus, a.a.O., S. 41-42.

28 Vgl. W. Kasper: Rzeczywistość wiary, a.a.O., S. 70.

29 Vgl. Johannes Paul II.: Plan objawienia wypełniony w Jezusie Chrystusie, a.a.O., S. 51.

Fülle erreichen (vgl. 1 Tes 1, 5-10).[30] Eine besonders wichtige Rolle in diesem Prozess spielt das Elternhaus. Die Eltern, die ersten Künder und Erzieher des Glaubens, fördern die Glaubensgnade ihres Kindes[31] und führen es in die Vertrautheit und Freundschaft mit Gott ein.[32] Indem sie auf diese Weise das religiöse Bewusstsein des Kindes formen, helfen sie ihm, in den einzelnen Etappen seiner biologischen Entwicklung den Weg des Glaubens zu gehen. Wenn die Antwort des Menschen auf die göttliche Glaubensgabe negativ ist, entwickelt sich der Glaube nicht. Die Ablehnung Gottes wird als Atheismus bezeichnet.

Die Annahme des Glaubens

Der offenbarende Gott nähert sich dem Menschen und beschenkt ihn mit seinen Gaben. Eine davon ist der Glaube, der den Menschen auf eine übernatürliche Ebene hebt[33] und mit Gott vereint. Die göttliche Initiative, seine Liebe und Güte dem Menschen gegenüber können nicht ohne Antwort bleiben, die entweder positiv oder negativ ist. Gott positiv zu antworten bedeutet, die Glaubensgabe anzunehmen und ihm die eigene Menschlichkeit zu opfern.[34] Eine solche Einstellung zur göttlichen Initiative fordert den Glauben an den Inhalt der Offenbarung,[35] d.h. das Vertrauen an Gott selbst, der sich offenbart und zur Annahme seines durch Christus mitgeteilten Heilsplans ruft. Mit der göttlichen Offenbarung nimmt der Mensch zugleich auch den göttli-

30 Vgl. J. Pfammatter: Glaube nach der Heiligen Schrift, a.a.O., S. 809.
31 Vgl. AA 11.
32 Vgl. SC 10.
33 Vgl. S. Moysa: O pogłębienie teologii wiary. In: Collectanea Theologica Nr. 40 (1970), S. 180; vgl. auch F. Krenzer: Taka jest nasza wiara, a.a.O., S. 85; J. Brudz: Łaska Boża w psychologicznej analizie aktu wiary, a.a.O., S. 210.
34 Vgl. KKK 142; vgl. auch Johannes Paul II.: Plan Objawienia wypełniony w Jezusie Chrystusie, a.a.O., S. 51.
35 Vgl. DV 5; vgl. auch F. Krenzer: Taka jest nasza wiara, a.a.O., S. 83; K. Wojtyła: U podstaw odnowy, a.a.O., S. 47; H. Wistuba: Życie wiarą. In: Katecheta Nr. 12 (1968), S. 163.

chen Heilsplan an, der auf der Teilnahme an der Natur Gottes und am innergöttlichen Leben beruht.[36] Der Mensch vollzieht dann den Glaubensakt und zeigt, dass er Gott und seiner Existenz zustimmt, dass er an Gott glaubt, der das Fundament und das Ziel des menschlichen Seins ist.[37]

Obwohl dieser Akt der Annahme des Glaubens unter dem Einfluss der göttlichen Gnade vollzogen wird, sollte er immer ein Akt der ganzen, sich dem personalen Gott hingebenden, menschlichen Person, d.h. ein völlig bewusster, freier und ungezwungener Akt sein.[38] Durch den Glaubensakt beschließt der Mensch, sich Gott in völliger Freiheit gänzlich anzuvertrauen.[39] Dieser Akt kann nicht ohne die zuvorkommende göttliche Hilfe und ohne den inneren Beistand des Heiligen Geistes vollzogen werden, der das Herz bewegt und es zu Gott hinwendet, der die Augen des Verstandes öffnet, damit es der Wahrheit zustimmen und glauben kann.[40] „Der Glaube ist eine persönliche Bindung des Menschen an Gott und zugleich, untrennbar davon, freie Zustimmung zu der ganzen von Gott geoffenbarten Wahrheit".[41]

Der Glaube ist der Gehorsam, durch den der Mensch sich Gott mit Verstand und Willen voll unterwirft.[42] Eine solche Auffassung entspricht der sogenannten technischen Definition des Glaubens,[43] die eine der Grundwahrheiten des Christentums ausdrückt. Es wird darin hervorgehoben, dass die Antwort des Glaubens den Gehorsam Gott gegenüber zum Ausdruck bringt. Damit verbindet sich auch die Anerkennung seiner Gottheit, sei-

36 Vgl. Johannes Paul II.: Wiara odpowiedzią na samoobjawienie się Boga, a.a.O., S. 56.

37 Vgl. W. Kasper: Rzeczywistość wiary, a.a.O., S. 57.

38 Vgl. DH 9, 10; DV 5; KKK 166; vgl. auch. H. Fries: Wiara zakwestionowana, a.a.O., S. 21.

39 Vgl. Benedikt XVI.: Porta fidei, a.a.O., Nr. 10.

40 Vgl. E. Stakemeier: Die Konzilskonstitution über die göttliche Offenbarung. Paderborn 1966, S. 118.

41 KKK 150.

42 Vgl. DV 5.

43 Vgl. Johannes Paul II.: Co to znaczy „wierzyć"?. Generalaudienz vom 13. März 1985. In: ders.: Wierzę w Boga Ojca Stworzyciela, a.a.O., S. 39.

ner Transzendenz und seiner vollkommenen Freiheit. In der Autorität seiner absoluten Transzendenz bezeugt Gott, der sich zu erkennen gibt, die Glaubwürdigkeit der von ihm geoffenbarten Inhalte. Durch den Glauben drückt der Mensch die Zustimmung zu diesem göttlichen Zeugnis aus. Es bedeutet, er anerkennt voll und ganz die Wahrheit dessen, was ihm geoffenbart wurde, weil Gott selbst Gewähr dafür bietet. Diese Wahrheit, die der Mensch geschenkt bekommt, fügt sich in den Kontext der interpersonalen Beziehungen ein. Sie drängt den Verstand, sich für ihre Annahme zu öffnen und ihren tiefen Sinn anzuerkennen. Gerade darum ist der Akt des Anvertrauens an Gott von der Kirche stets als ein grundlegender Entscheidungsvorgang verstanden worden, der die ganze Person einbezieht. Verstand und Wille bringen hier ihre geistige Natur im höchsten Grad zum Ausdruck, um den Menschen den Akt vollziehen zu lassen, in dem sich seine persönliche Freiheit in ihrem Vollsinn realisiert. Die Freiheit begleitet also den Glauben, aber sie ist gleichzeitig seine unentbehrliche Voraussetzung. Vielmehr ist es gerade der Glaube, der es jedem Menschen ermöglicht, seine Freiheit möglichst gut auszudrücken. Der Glaubensakt ist die bedeutsamste Entscheidung seines Daseins, denn durch ihn gelangt er zur Gewissheit der Wahrheit und entscheidet sich, in ihr zu leben.[44] Der Gehorsam des Glaubens wird hier die totale, persönliche Hingabe und das völlige Sich-Ausliefern des Menschen an Gott verstanden.[45] Die Haltung des Gehorsams ist die Haltung der Offenheit Gott gegenüber.[46]

Der Glaube beginnt, wenn der Mensch auf das an ihn gerichtete Wort Gottes antwortet. Der ganze christliche Glaube ist daher ein Dialog zwischen Gott und Mensch, ein Dialog, der zum Heil

---

44 Vgl. FR 13.

45 Vgl. E. Stakemeier: Die Konzilskonstitution, a.a.O., S. 118-119.

46 Vgl. A. Dalbesio: Duch Święty w Nowym Testamencie, w Kościele, w życiu chrześcijańskim. Kraków 2001, S. 85.

führt. Der Ursprung dieses Dialogs ist transzendent, denn er liegt „im Plane Gottes selbst. Die Religion ist ihrer Natur nach eine Beziehung zwischen Gott und dem Menschen. Das Gebet spricht im Dialog diese Beziehung aus. Die Offenbarung, das heißt die übernatürliche Beziehung, die Gott selbst durch freien Entschluss mit der Menschheit herstellen wollte, wird in einem Dialog verwirklicht, wobei das Wort Gottes sich in der Menschwerdung und dann im Evangelium zum Ausdruck bringt. Das heilige väterliche Gespräch Gottes mit dem Menschen wurde durch die Erbsünde unterbrochen, aber im Laufe der Weltgeschichte wunderbar wiederaufgenommen".[47]

Das Zweite Vatikanische Konzil stellt den Glauben als das freie und völlige Sich-Anvertrauen des Menschen an Gott dar. Der Ausdruck „Gehorsam des Glaubens" ist aus den Paulusbriefen an die Römer und an die Korinther entnommen worden. In diesem Gehorsam spielen sowohl der Versand, als auch der Wille eine Rolle. Der Gehorsam ist nämlich ein Akt der ganzen menschlichen Person, die unter dem Einfluss der Gnade handelt.[48] Da Gott sich selbst offenbart und dem Menschen das Geheimnis seines Willens über das Heil mitteilt, ist es richtig, ihm den „Gehorsam des Glaubens" zu leisten, durch den der Mensch sich ihm als ganzer in Freiheit überantwortet, indem er ihm seine volle Unterwerfung von Verstand und Willen zeigt und der göttlichen Offenbarung willig zustimmt.[49]

Durch den Glauben erkennend, nimmt der Mensch den ganzen übernatürlichen Inhalt der Offenbarung über das Heil als wahr an. Diese Annahme führt ihn gleichzeitig in eine tiefe, persönliche Beziehung zum offenbarenden Gott selbst. Wenn den eigentlichen In-

---

[47] ES 70; vgl. B. Sesboüé / Ch. Theobald: Historia dogmatów, a.a.O., S. 450.

[48] Vgl. A. Żuberbier: Wiara, a.a.O., S. 632; vgl. auch S. Jóźwiak: Wiara podstawowym dynamizmem moralnym osoby. In: Verbum Vitae Nr. 5 (2004), S. 187.

[49] Vgl. H. Vorgrimler: Das Zweite Vatikanische Konzil, a.a.O., S. 512; vgl. auch A. Zuberbier: Wiara, a.a.O., S. 631-632.

halt der Offenbarung die heilende „Selbstmitteilung" Gottes bildet, ist die Antwort des Glaubens richtig, insofern der Mensch die Wahrheit dieser Heilsinhalte annimmt und sich zugleich Gott ganz anvertraut. Nur dieses integrale „Sich-Anvertrauen an Gott" seitens des Menschen ist die adäquate Konsequenz der Annahme der göttlichen Wahrheit.

Während die Offenbarung die Mitteilung Gottes selbst an den Menschen ist, ist der Glaube (diese menschliche Antwort auf die göttliche Offenbarung) die völlige Unterwerfung des Menschen Gott gegenüber. Es ist ein Prozess der ständigen Entwicklung des Glaubens und dessen andauernder Vervollkommnung unter dem Einfluss des Heiligen Geistes: „Dieser Geist vervollkommnet den Glauben ständig durch seine Gaben, um das Verständnis der Offenbarung mehr und mehr zu vertiefen".[50]

Der Glaube wird in der Gemeinschaft der Gläubigen, das heißt in der Kirche angenommen, erlebt, bezeugt und weitergegeben. Er wird von denjenigen übernommen, die bereits glauben: von den Eltern, im eigenen gesellschaftlichen Milieu, dank der Lehre der Priester oder dem Unterricht der Religionslehrer. All die Menschen bilden die Kirche. Der Glaube wird gemeinschaftlich erlebt und ausgedrückt, besonders in wichtigen, bahnbrechenden Momenten des Lebens, in der Liturgie (Sonntagsmesse, Sakramente) sowie in dem durch den Glauben inspirierten Mitwirken. Jeder, der glaubt und aus dem Glauben handelt, bezeugt ihn und gibt an andere weiter.

Der Glaube ist also für den Menschen die Einladung, Gott zu begegnen und sich für die göttliche Wirklichkeit zu öffnen. Er ist eine enge Beziehung zwischen Gott und Mensch, eine persönliche Bindung des Menschen an Gott.[51] Er gründet sich auf das Zeugnis Gottes und bedient sich der übernatürlichen Hilfe der Gnade.[52] Er ist ein

[50] DV 5.
[51] Vgl. KKK 150.
[52] Vgl. FR 9.

existenzieller Akt, durch den der Mensch sein Vertrauen auf Gott setzt. Der Glaube ist auch die Entscheidung, bei Christus zu sein und mit ihm zu leben.[53] Er wächst aus der Überzeugung, dass Gott, dem der Mensch begegnet, die Wahrheit selbst ist, dass er die das Diesseitige überschreitende Hoffnung unterstützt und die bedingungslose Liebe verdient. Der Glaube ist endgültig ein Geheimnis, das die Beziehung zwischen Gott und Mensch umschließt, ein völlig freier, persönlicher Akt des Menschen, den er gleichzeitig als das „Von-Gott-Erfasst-Werden", als einen einmaligen Ruf, als eine kostbare Gabe erlebt.[54]

Christlich glauben bedeutet „ein Sicheinhalten bei Gott, durch das der Mensch einen festen Halt für sein Leben gewinnt"[55] und seine Einstellung zu der ganzen Wirklichkeit formt. Der Glaube ist „das Bekenntnis zum Primat des Unsichtbaren als des eigentlich Wirklichen, das uns trägt".[56]

Der Glaube sollte durch die persönliche Entscheidung geprägt sein. Erst dann ist er völlig bewusst und reif. Der Glaubende sieht in Gott das eigene Gute und den Sinn des Lebens, das er auf das wirkliche und endgültige Glück hin ausrichten will.[57] Es ist also vom bewussten Glauben zu sprechen, für dessen Form der Mensch die Verantwortung übernimmt. Der Glaube kann nicht nur einfach geerbt, durch das Elternhaus oder das Milieu überliefert sein. Der Mensch wird nur zu einem gewissen Punkt hingeführt, in dem er selbst die Zustimmung zu der Gegenwärtigkeit Gottes in seinem Leben geben muss. Die Bestätigung des Glaubens mit der eigenen Entscheidung wird manchmal über Jahre aufgeschoben. In manchen Fällen vollzieht sie sich indirekt und

53 Vgl. Benedikt XVI.: Porta fidei, Nr. 10.
54 Vgl. A. Zuberbier: Wiara, a.a.O., S. 632-633.
55 J. Ratzinger: Einführung in das Christentum: Vorlesungen über das apostolische Glaubensbekenntnis. München [9]2007, S. 33.
56 Vgl. ebd., S. 36-37.
57 Vgl. A. Zuberbier: Wiara, a.a.O., S. 631.

unauffällig in den einzelnen Akten des religiösen Lebens. Es passiert aber auch, dass der Glaube für immer etwas Unbedeutendes bleibt – als wäre er nur ein Zusatz zum menschlichen Leben.[58]

Eine sehr wichtige Rolle bei der Annahme des Glaubens spielen die Motive, die den Menschen zur persönlichen Entscheidung zu Gott bewegen.[59] Manchmal muss er sich aus dem Milieu oder dem Familienkreis losreißen, in dem er durch die Geburt katholisch geworden ist und in dem ihm ein bestimmter Lebensstil, ethische und ästhetische Werte, Ansichten und religiöse Praktiken beigebracht wurden.[60] Alle diese Faktoren und die Abhängigkeit von der Umgebung haben es ihm nicht immer erlaubt, aus einem wirklich reifen Glauben zu leben. Sie konnten ihn im gewissen Grade sogar versklaven. Zur Änderung solch einer Situation trägt die göttliche Gnade bei, die die Kräfte stärkt und bei der Entwicklung unterstützt.[61] Dank ihrer Hilfe wird sich der Mensch seiner eigenen Leere und Unzulänglichkeiten bewusst.[62] Deshalb nimmt er in Demut die göttliche Gabe an, die diese Leere ausfüllen kann, und spricht sich für Gott aus, dem er Vertrauen und Unterwürfigkeit bekundet. Dem vernunftgemäßen und freien Glaubensgehorsam folgend (vgl. Röm 16, 26; 1, 5; 2 Kor 10, 5-6),[63] gibt er sich und sein Leben dem Schöpfer anheim,[64] gibt ihm seine persönliche Antwort und vereint sich mit ihm in einem Akt der gegenseitigen Liebe.[65]

---

58 Vgl. J. Pietraszko: Wiara – punkt wyjścia w realizacji synodu. In: Znak Nr. 225 (1973), S. 309-310.
59 Vgl. K. Rahner: Podstawowy wykład wiary, a.a.O., S. 196.
60 Vgl. J. Mariański: Socjologiczne motywy wiary. In: W drodze, Nr. 7 (1975), S. 11-12.
61 Vgl. K. Wojtyła: U podstaw odnowy, a.a.O., S. 20.
62 Vgl. F. Krenzer: Taka jest nasza wiara, a.a.O., S. 362.
63 Vgl. DH 10 und DV 5; vgl. auch H. Fries: Wiara zakwestionowana, a.a.O., S. 20.
64 Vgl. GS 19; vgl. auch K. Wojtyła, U podstaw odnowy, a.a.O., S. 20.
65 Vgl. J. Sieg: Wiara Kościoła obecnego w świecie. In: R. Darowski (Hg.): Otwarci w wierze. Kraków 1974, S. 57.

Die Entwicklung der Gabe des Glaubens und ihre Früchte

Der Glaube, den der Christ in der Taufe empfängt,[66] ist eine dynamische Wirklichkeit, die einer ständigen Entwicklung unterliegt (vgl. 2 Tes 1, 3).[67] Ihr Wachstum sollte mit der biologischen Entwicklung des Menschen einhergehen.[68] Das Elternhaus ist der Ort, in dem der Glaube des Kindes ab dem Moment der heiligen Taufe den Prozess des Werdens beginnt.[69] Das Kind beteiligt sich spontan an dem Glauben seiner Eltern (vor allem der Mutter). Sie schaffen ihm das Klima, in dem es seinen eigenen Glauben entwickeln kann. Die religiösen Akte der Eltern bleiben nicht ohne Bedeutung für den Glauben des Kindes, denn die sind „sein erstes Gewissen".[70] Ihre Aufgabe ist es, das Kind durch Gespräch und Gebet in die persönliche Vertrautheit und Freundschaft mit Gott einzuführen. Vom Anfang an sollen sie sein religiöses Bewusstsein formen und ihm helfen, das Gebet mit eigenem Verhalten in Einklang zu bringen.

Bei der Erziehung müssen die Eltern daran denken, dass die Auffassungen und Vorstellungen von Gott aus den ersten Jahren der menschlichen Entwicklung einen enormen Einfluss auf das spätere Verhältnis des Kindes zur Religion und zu Gott haben. Deshalb sollen sie sich um ihre richtige Formung bemühen. Eine wichtige Hilfe ist dabei die Heilige Schrift.[71]

---

66 Vgl. KKK 168.

67 Vgl. R. Rogowski: Teologia żywej wiary, a.a.O., S. 1586; vgl. auch Paul VI.: Obowiązek dawania świadectwa swojej wierze. Generalaudienz vom 14. Dezember 1966. In: ders.: Trwajcie mocni w wierze, a.a.O., S. 75; S. Wilkanowicz: Dlaczego i jak wierzę. Kraków 1969, S. 7, 132.

68 Vgl. J. Colomb: Stawanie się wiary. Warszawa 1980, S. 9.

69 Vgl. LG 11.

70 Vgl. J. Colomb: Stawanie się wiary, a.a.O., S. 16.

71 Vgl. AA 11 und GE 3; vgl. auch H. Wistuba: Życie wiarą. In: Katecheta, Nr. 12 (1968), S. 165-166.

Im Alter von 4-5 Jahren, wenn das Kind viele Fragen stellt, konzentriert sich sein Glaube auf die Person Jesu und löst sich allmählich vom Glauben der Eltern. Endgültig vollzieht sich dieser Prozess im Alter des Denkens (6-7 Jahre). In dieser Zeit glaubt das Kind nicht nur seinen Eltern, sondern auch Gott. Die göttliche Gegenwärtigkeit erlebt es viel intimer und persönlicher. Die Vorstellungen, die es bis jetzt von seinen Eltern hatte, überträgt es auf Gott. Es beteiligt sich an eucharistischen Versammlungen, weiß schon, was es heißt, sich mit Jesus dem Vater hinzugeben, Jesus und die Mitmenschen zu lieben. Es kann seinen Glauben ausdrücken und ihn in der Eucharistie nähren. Sein Glaube entwickelt sich dank der Erfahrungen des Alltags.[72]

In der Zeit der reifen Kindheit (9. Lebensjahr) ist der Glaube bewusster und wird von der Vernunft beurteilt. Er wird aber zugleich von Vereinfachung und Verbalismus bedroht, wenn das Kind seinen religiösen Praktiken keine tiefere Bedeutung verleiht. Wenn es das religiöse Leben und die Praktiken der Eltern und anderer Gemeindemitglieder beobachtet, kann es sich davon überzeugen, dass solche Praktiken nicht nur die Sache der Kinder sind.

Die Jugendzeit ist das stürmischste Entwicklungsstadium des Menschen. Dann werden die Jugendlichen kritisch, stellen viele Sachen (darunter Autoritäten) in Frage, erleben ihre Höhen und Tiefen - auch in ihrem Glauben, nach dessen Begründung sie verlangen. Die Aufgabe der Eltern ist es dann, dem jungen Menschen bewusst zu machen, dass die Welt des Verstands etwas anderes als die Welt des Glaubens ist. Wenn die Jugendlichen gegen ihre Schwierigkeiten und Probleme mit dem Glauben ankämpfen, wissen sie die Hilfe zu schätzen, die sie vor allem im Religionsunterricht bekommen. Eine Stärkung für ihren Glauben sind: die Katechese, die heilige Messe, der Empfang der Sakramente und

---

72 Vgl. J. Colomb: Stawanie się wiary, a.a.O., S. 17-19.

die Lektüre der Heiligen Schrift.[73] Diejenigen, die in ihrem Glauben bisher passiv waren, vermeiden meistens nicht die Krise, die sie zum völligen Verlust dieser erhaltenen Gabe führen kann. Diejenigen dagegen, die dank der Familie und dem Vorbild anderer Christen ihre Einstellung zu Gott richtig geformt haben, sollten in der Jugendzeit allmählich vom empfangenen zum selbst gewählten und persönlichen Glauben übergehen.[74]

In späteren Lebensjahren bereichert sich der Glaube aus der Kindheit um immer neue Erfahrungen.[75] Mit der Entwicklung der Person wird er immer persönlicher und erfordert eine ständige Bestätigung.[76] Er reift und entwickelt sich in der Gemeinschaft des Volkes Gottes. Die Bindung an diese Gemeinschaft, das Gebet und die Teilnahme am sakramentalen Leben der Kirche – wovon das Konzil spricht – stärken den Glauben und helfen, selbst die schwierigsten Momente zu überstehen.[77] Manchmal kann der Glaube auf die Probe gestellt, bedroht oder sogar offen angegriffen und bekämpft werden. Damit er dann nicht erlischt, muss er ständig durch das Wort Gottes und die Unterstützung der Gemeinschaft der Glaubenden genährt und gestützt werden.[78] Die Tradition und die Heilige Schrift nähren den Glauben und tragen zum heiligen Leben des Volkes Gottes und zur Stärkung seines Glaubens bei.[79] Durch den Glauben der Kirche wächst dann und verstärkt sich auch der Glaube der einzelnen Christen.[80]

Der Glaube verlangt vom Menschen die ständige Wachsamkeit der Vernunft, die innere Zustimmung und das Bewusstsein

[73] Vgl. GE 4; vgl. auch H. Wistuba: Życie wiarą, a.a.O., S. 167-168.
[74] Vgl. J. Colomb: Stawanie się wiary, a.a.O., S. 23-24.
[75] Vgl. J. Mariański: Socjologiczne motywy wiary, a.a.O., S. 16.
[76] Vgl. J. Colomb: Stawanie się wiary, a.a.O., S. 27.
[77] Vgl. SC 59 und UR 23; vgl. auch Cz. Drążek: Przymnóż nam wiary. In: R. Darowski (Hg.): Otwarci w wierze, a.a.O., S 32.
[78] Vgl. EN 54.
[79] Vgl. Johannes Paul II: Przekazywanie Bożego Objawienia. Generalaudienz vom 24. April 1985. In: ders.: Wierzę w Boga Ojca Stworzyciela, a.a.O., S. 64.
[80] Vgl. Benedikt XVI: Porta fidei, a.a.O., Nr. 7.

dessen, was er selbst ist – das allmähliche Erwerben.[81] Um einen starken Glauben muss man unablässig bitten, so wie der Vater aus dem Evangelium nach Markus: „Ich glaube; hilf meinem Unglauben!" (Mk 9, 24). Das Evangelium nach Johannes führt dagegen die Worte Christi an: „Ich bin der wahre Weinstock und mein Vater ist der Winzer. Jede Rebe an mir, die keine Frucht bringt, schneidet er ab und jede Rebe, die Frucht bringt, reinigt er, damit sie mehr Frucht bringt" (Joh 15, 1-2). Die Lebenskraft der Reben hängt davon ab, ob sie stark an dem Weinstock befestigt sind, der Jesus Christus ist: „Wer in mir bleibt und in wem ich bleibe, der bringt reiche Frucht, denn getrennt von mir könnt ihr nichts vollbringen" (Joh 15, 5). Der Mensch wird in seiner Freiheit von Gott gerufen, zu wachsen, zu reifen und Frucht zu bringen. Wenn er sein Leben nicht verspielen will, kommt er nicht umhin, zu antworten und seine persönliche Verantwortung zu übernehmen.[82]

Zu den Früchten, die das Mitwirken mit der Gnade des Glaubens hervorbringt, gehören: eine starke Bindung an Gott, Gaben und Charismen des Heiligen Geistes, die Verbreitung des Reiches Gottes in der Welt, das christliche Leben im Lichte des Evangeliums Jesu Christi, die Bezeugung des Glaubens im alltäglichen Leben, das apostolische Engagement im Evangelisierungswerk der Kirche, die Verkündigung der Heilsbotschaft an alle Menschen und die Veränderung des persönlichen Lebens. Die Früchte des Lebens aus dem Glauben in der Kirche sind überdies: das Zeugnis der belebenden Kraft des Evangeliums, „Familien, welche wirkliches Zeichen der Liebe, des Miteinanderteilens und der für das Leben offenen Hoffnung sind; Gemeinschaften, die sich durch einen wirklichen ökumenischen Geist auszeichnen; der Mut, Initiativen der sozialen Gerechtigkeit und Solidarität zu unterstützen;

---

81 Vgl. Paul VI: Pożytek wiary w świecie współczesnym. Generalaudienz vom 5. Juni 1968. In: ders.: Trwajcie mocni w wierze, a.a.O., S. 49.

82 Vgl. ChL 57.

die Freude, das eigene Leben hinzugeben, indem man einer Berufung oder einer Weihe folgt".[83]

Die Möglichkeit, die Gnade des Glaubens abzulehnen

Der Unglaube, dem wir heutzutage überall begegnen und von dem das Konzil in seiner pastoralen Konstitution über die Kirche in der Welt von heute und die Dokumente des Lehramtes der Kirche sprechen, ist eine ziemlich verbreitete Erscheinung.[84] Sie kann – muss aber nicht – auf den Ruinen des Glaubens wachsen, wie das das II. Vatikanische Konzil sieht.[85]

So wie die Welt des Glaubens ist auch die Welt des Unglaubens keinesfalls ein einheitliches Phänomen und erscheint in einer Vielfalt von Formen und Inhalten. Die Präfixe „Un-" (in dem Wort „Unglaube") und „A-" (im „Atheismus") zeugen davon, dass dieses Phänomen nur in den Kategorien der Negation beschrieben werden kann. Formal gesehen, beruht der Atheismus auf der Negation der Existenz Gottes. Der Begriff selbst sagt nichts mehr. Er sagt nicht, woran der Atheist sonst noch glaubt, welche Werte er anerkennt und welchen Lebensstil er führt, sondern nur, dass er an Gott nicht glaubt. Der Begriff wird oft pejorativ gebraucht und setzt den Atheisten dem an Gott Glaubenden gegenüber. Es kann dabei vorausgesetzt werden, dass ein authentischer Atheist einen Begriff von Gott haben muss, wenn er dessen Existenz leugnet.

Der Atheismus wird auch als Protest gegen den Glauben an Gott verstanden, der aus der Unfähigkeit resultiert, das Leben tief zu erleben, oder als Protest gegen Gott selbst, den man für „tot" erklärt.

---

83 Bischofssynode, XIII. Ordentliche Vollversammlung: *Instrumentum laboris*, a.a.O., Nr. 122.

84 Vgl. GS 19; vgl. auch R. Darowski: Kościół wobec zjawiska ateizmu. In: F. Adamski: Socjologia religii. Kraków 1983, S. 543; Ch. Moeller: O teologii niewiary. In: Concilium, Nr. 1-10 (1966/67), poln. Ausgabe, S. 96.

85 Vgl. F. Bargieł: Niektóre źródła współczesnego ateizmu. In: F. Adamski (Hg.): Socjologia religii, a.a.O., S. 481-482.

Die Wurzeln des modernen Atheismus stecken in der Überzeugung, der Mensch müsse selbst, ohne göttliche Hilfe und Intervention die Wirklichkeit formen, und er selbst trage die Verantwortung dafür, was von dieser Welt ist. Überflüssig werde die Berufung auf Gott als Vorsehung, als einen Wunder wirkenden Gott, als die letzte Zuflucht. Der Mensch sei sich seiner Eigenständigkeit bewusst, seiner Möglichkeiten, diese Welt zu erforschen und zu kontrollieren, ein immer besseres und tieferes Wissen darüber zu erwerben. Er brauche die göttliche Hilfe nicht und handle lieber ohne solch einen Gott, der nur den Sinn des Leidens erklären könne, es aber nicht aus der Welt schaffe, der der menschlichen Suche und Mühe, die Welt zu verbessern und zu vervollkommnen, Grenzen setze. Der moderne Mensch fühlt sich nicht mehr von geheimen Kräften bedroht. Wenn eine reale Gefahr auftaucht, ist er bereit, ihr die Stirn zu bieten. Er wird von dem Willen getrieben, dem eigenen Leben das Maximum an Sicherheit zu schaffen, und bejaht, was ihm das Schicksal bringt: den Tod, die Krankheit, die Schwäche. Er meint, Gott sei nicht fähig, die menschliche Not abzuschaffen, oder sie wenigstens zu lindern; der Mensch müsse selbst stark genug sein, um es mit seinem eigenen Schicksal aufzunehmen und dieser schwierigen Lebensaufgabe gerecht zu werden.[86] Im Zentrum seiner Fortschrittsidee stehen zwei Kategorien: Vernunft und Freiheit. Der Fortschritt ist vor allem ein Fortschritt in der zunehmenden Herrschaft der Vernunft. Er gibt dem Menschen die Hoffnung auf die Überwindung aller Abhängigkeiten, führt ihn zur vollkommenen Freiheit und bietet unzweifelhaft neue Möglichkeiten zum Guten.[87]

Das oben Gesagte ist selbstverständlich eine sehr allgemeine Charakteristik des Atheismus. Es steht außer Zweifel, dass die gegenwärtige wirtschaftliche und technische Entwicklung den

[86] Vgl. T. Steeman: Psychologiczne i socjologiczne aspekty współczesnego ateizmu. In: Concilium, Nr. 1-10 (1966/67), poln. Ausgabe, S. 115.

[87] Vgl. SpS 18; 22.

heutigen Menschen zum Mittelpunkt der von ihm selbst völlig beherrschten Welt macht, und dass der wirklichen Bedrohung des Lebens nicht immer die nötige Aufmerksamkeit geschenkt wird. Bei einer genaueren Analyse des aktuellen Stands der Dinge kann es sich zeigen, dass der Mensch in einer „Risikowelt" lebt.[88]

In fast jedem Fall nimmt der Atheismus im persönlichen Kontakt mit der übernatürlichen Welt seinen Anfang. Infolge der freien Wahl des Menschen kommt es zur Ablehnung der Einladung Gottes, mit ihm in Freundschaft und Vertrautheit zu leben, und damit zur Zerstörung der Beziehung zu ihm.[89] In diesem Moment beginnt der Mensch seinen Lebensweg ohne Gott. Sein Herz hat sich den übernatürlichen Werten verschlossen, so dass Gott keinen Zugang mehr zu ihm hat.[90]

Wie kann es zu solch einer Situation kommen? Was sind die Ursachen einer so wichtigen Lebensentscheidung? Die Antwort ist unter anderem in der pastoralen Konstitution über die Kirche in der Welt von heute zu finden, die manche Formen und Wurzeln des Atheismus nennt, ohne sie jedoch systematisch und ausführlich zu besprechen. Die vom Konzil angeführten Ursachen des Atheismus sind:

- eine gewisse Unfähigkeit zu religiösen Erlebnissen – religiöse Gleichgültigkeit,
- der Protest gegen das Übel in der Welt,
- die Absolutisierung gewisser irdischer Werte,
- der Materialismus – die Ausrichtung auf das Diesseits,
- die Kritik der Religion,
- die absolute Autonomie des Menschen,

88 Vgl. ebd.; vgl auch U. Beck: Risikogesellschaft. Auf dem Weg in eine andere Moderne. Frankfurt a. M. 1986, S. 25.

89 Vgl. GS 19.

90 Vgl. M. Gogacz: Ateizm znakiem czasów. In: B. Bejze (Hg.): W nurcie zagadnień posoborowych, a.a.O., S. 105.

- die falsche, verzerrte Vorstellung von Gott,
- der Widerspruch zwischen der Religion und der wirtschaftlich-gesellschaftlichen Befreiung,
- das Leben der Gläubigen und der Christen, das manchmal das wahre Antlitz Gottes und der Religion verhüllt.[91]

Die Konzilsväter schreiben in der Konstitution *Gaudium et spes*: „Mit dem Wort Atheismus werden voneinander sehr verschiedene Phänomene bezeichnet. Manche leugnen Gott ausdrücklich; andere meinen, der Mensch könne überhaupt nichts über ihn aussagen; wieder andere stellen die Frage nach Gott unter solchen methodischen Voraussetzungen, dass sie von vornherein sinnlos zu sein scheint. Viele überschreiten den Zuständigkeitsbereich der Erfahrungswissenschaften und erklären, alles sei nur Gegenstand solcher naturwissenschaftlicher Forschung, oder sie verwerfen umgekehrt jede Möglichkeit einer absoluten Wahrheit. Manche sind, wie es scheint, mehr interessiert an der Bejahung des Menschen als an der Leugnung Gottes, rühmen aber den Menschen so, dass ihr Glaube an Gott keine Lebensmacht mehr bleibt.

Andere machen sich ein solches Bild von Gott, dass jenes Gebilde, das sie ablehnen, keineswegs der Gott des Evangeliums ist. Andere nehmen die Fragen nach Gott nicht einmal in Angriff, da sie keine Erfahrung der religiösen Unruhe zu machen scheinen und keinen Anlass sehen, warum sie sich um Religion kümmern sollten. Der Atheismus entsteht außerdem nicht selten aus dem heftigen Protest gegen das Übel in der Welt oder aus der unberechtigten Übertragung des Begriffs des Absoluten auf gewisse menschliche Werte, so dass diese an Stelle Gottes treten. Auch die heutige Zivilisation kann oft, zwar nicht von ihrem Wesen her,

---

[91] Vgl. GS 19; vgl. auch F. Bargieł: Niektóre źródła współczesnego ateizmu, a.a.O., S. 483-484.

aber durch ihre einseitige Zuwendung zu den irdischen Wirklichkeiten, den Zugang zu Gott erschweren".[92]

Wie bereits angedeutet, gibt es verschiedene Formen von Atheismus. Eine davon (die wohl am weitesten verbreitete) ist der praktische Atheismus.[93] Mit diesem Begriff werden Menschen oder ganze Gruppen bezeichnet, die so leben, als gäbe es Gott nicht, egal, ob sie nun an einen Gott glauben oder nicht, ob sie einer theistischen Religionsgemeinschaft angehören oder nicht. Im alltäglichen Denken und Handeln dieser Menschen spielt der Glaube keine (oder keine größere) Rolle. Sie schreiben ihm (wenn schon) eine eher unwesentliche Bedeutung zu und bleiben ihm gegenüber eigentlich gleichgültig.[94]

Es werden sonst noch folgende Formen von Atheismus unterschieden:

- der theoretische Atheismus, der bei der Reflexion über die Existenz des Absoluten von der Unmöglichkeit der Erkenntnis Gottes ausgeht oder dessen Existenz sogar bewusst und begründet ablehnt;
- der negative Atheismus, in dem der Begriff „Gott" überhaupt fehlt bzw. mit der Zeit total verschwindet;
- der agnostische oder skeptische Atheismus, der die Möglichkeit der Erkenntnis Gottes bestreitet;
- der dogmatische Atheismus, der die Existenz Gottes explizit verneint;
- der doktrinäre Atheismus – er versucht, die Nichtexistenz Gottes zu beweisen;

---

92 GS 19; vgl. H. Waldenfels: O Bogu, Jezusie Chrystusie i Kościele dzisiaj, a.a.O., S. 40.

93 Vgl. R. Winling: Teologia współczesna. Kraków 1990, S. 34.

94 Vgl. N. Lobkowicz: Przekazywanie wiary. In: L. Balter / S. Dusza / F. Mickiewicz: Podstawy wiary, a.a.O., S. 203; vgl. auch H. Waldenfels: O Bogu, Jezusie Chrystusie i Kościele dzisiaj, a.a.O., S. 40. R. Hajduk: Przyczyny erozji wiary chrześcijańskiej. In: P. A. Sokołowski (Hg.): Kontrchrześcijaństwo jako kontekst działalności misyjnej w XXI wieku. Pieniężno 2009, S. 44-45.

- der postulative oder humanistische Atheismus, in dem die Nichtexistenz Gottes aus Rücksicht auf den Menschen gefordert (postuliert) wird;
- der militante Atheismus, der die Religion offen bekämpft;
- der „bekümmerte" Atheismus, von dem man spricht, wenn seine Anhänger ihren Unglauben an Gott bedauern.[95]

Eine von den Ursachen, die dazu führen, dass Gott außer Acht gelassen oder sogar verneint und abgelehnt wird, ist der Säkularismus, das heißt jene Auffassung von der Welt, derzufolge der Mensch nicht das Bedürfnis hat, auf Gott zurückzugreifen und bei ihm Zuflucht zu suchen. Gott wird überflüssig, hat im menschlichen Leben keine Bedeutung und stört. Der Säkularismus unterstreicht die Erkenntnismacht des Menschen, der nach und nach Gott vergisst, ihn als bedeutungslos für seine eigene Existenz betrachtet und ihn verwirft, um verschiedenste „Idole" anzubeten.[96]

Das Abwenden von Gott kann auch von dem sogenannten anthropozentrischen Atheismus verursacht werden, der nicht mehr abstrakt und metaphysisch, sondern pragmatisch, programmatisch und militant ist. Im Zusammenhang mit der atheistischen Säkularisierung verbreitet er „in den verschiedensten Formen eine Zivilisation des Konsums, den sinnenhaften Genuss als den höchsten Wert, den Willen nach Macht und Beherrschung und Diskriminierungen jeglicher Art. Wie viel unmenschliche Bestrebungen stecken in diesem sogenannten Humanismus".[97] Zum Abwenden von Gott führen manchmal auch gesellschaftlich-weltanschauliche oder geistig-religiöse Faktoren. Sie tragen zur Entstehung einer tiefen Krise des Gewissens und zum Verzicht auf die christliche Moral bei, sowie zur Trennung zwischen dem Evange-

---

95 Vgl. H. Waldenfels: O Bogu, Jezusie Chrystusie i Kościele dzisiaj, a.a.O., S. 40-41.
96 Vgl. EN 55 und ChL 4.
97 EN 55.

lium und den Werten, auf denen die europäische Kultur seit Jahrhunderten gründet.[98]

Nicht ohne Einfluss auf das negative Verhältnis des Menschen zum Glauben bleiben die gesellschaftlichen Veränderungen, der ständige technologische Fortschritt und seine Folgen, sowie die damit verbundene Verweltlichung der Kultur. Die Gründe für die Verwerfung des Glaubens sind manchmal auch in der Familie zu finden, die einst der unersetzbare Ort der Glaubensweitergabe war. Heutzutage fällt es ihr sehr schwer, aus dem Glauben zu leben und ihn weiterzugeben. Der Verzicht auf den christlichen Glauben zerstört die religiöse Erziehung und die Katechese in den Familien, und kommt dann deutlich im Verhalten von Kindern und Jugendlichen zum Vorschein, bei denen man einen immer größeren Mangel an religiösem Grundwissen und eine immer seltenere Teilnahme am Sonntagseucharistie beobachtet. Dieser Zustand kann nicht zum Besseren verändert werden, wenn ihre Eltern die christliche Lehre nicht kennen und den Glauben nicht praktizieren, und wenn die Zugehörigkeit zur Kirche und deren Konsequenzen für sie gleichgültig sind. Die Eltern tragen also die Verantwortung für die Vernachlässigung der Glaubenserziehung und für die Verfälschung vom wahren Antlitz Gottes und der Religion.[99] Eine häufige Ursache für das Sich-Entfernen von der Kirche und zugleich vom Glauben ist auch die Ablehnung der kirchlichen Moraldoktrin, besonders im Bereich der Ehemoral.

Die Bedingtheit des Unglaubens hat keinen statistischen Charakter. Wie alle menschlichen Lebenshaltungen unterliegt sie einer Entwicklung und verschiedenen Änderungen. Den konstanten Ursachen schließen sich immer neue, früher unbekannte an, die lange Zeit im Unterbewusstsein des Menschen versteckt

98 Vgl. R. Hajduk: Przyczyny erozji wiary chrześcijańskiej, a.a.O., S. 43.
99 Vgl. ebd., S. 60; vgl. auch GS 19.

blieben.[100] Ihre gemeinsame Quelle scheint der Konflikt zwischen der religiösen Wahrheit und der menschlichen Psyche, ihren geistigen Mächten, der Vernunft und dem Willen zu sein. Die Unselbstverständlichkeit der religiösen Inhalte kann gewiss den Unglauben der Vernunft auslösen. Auch aus den Schwierigkeiten, den moralischen Forderungen gerecht zu werden, kann sich der Unglaube entwickeln. Von großer Bedeutung sind deshalb sowohl die Methoden der Übermittlung der religiösen Wahrheit, als auch die persönliche Einstellung zu ihr. Man muss sicherlich mit der Behauptung übereinstimmen, dass der Unglaube sich nicht in einem einzigen Moment bilde, sondern das Ergebnis eines ganzen Prozesses sei.[101]

Das Schwinden des Glaubens folgt auch aus der Ablehnung der frohen Botschaft über Gott, der in Jesus Christus Mensch wurde, weil diese konkret und verpflichtend ist.[102] Wenn der Einzelne im traditionellen Familienkreis keine Unterstützung findet, wird seine Bindung an die Religion der Kindheit immer schwächer. Auf seinem Lebensweg wird er mit verschiedenen Werten und religiösen Ansichten konfrontiert, um deren willen er den von den Vorfahren geerbten Glauben verwirft.[103] Die Religion ist also dem Prozess der Individualisierung ausgesetzt, und die bedeutet, dass der Mensch daran glaubt, was er für überzeugend hält. Zu religiösen Praktiken greift er meistens nur, wenn er das Bedürfnis danach verspürt.[104]

Heutzutage ist die christliche Religion eine von vielen Weltanschauungen. Das führt wiederum zum Schwinden des Glaubens der Christen, die ohne Unterstützung einer religiös und weltanschaulich homogenen Umgebung individuell nach der Wahrheit

100 Vgl. F. Bargieł: Niektóre źródła współczesnego ateizmu, a.a.O., S. 484.
101 Vgl. ebd., S. 485.
102 Vgl. R. Hajduk: Przyczyny erozji wiary chrześcijańskiej, a.a.O., S. 52.
103 Vgl. ebd., S. 53.
104 Vgl. ebd.

streben und nach einer ihnen entsprechenden Lebensorientierung suchen müssen, was manchmal das Abwenden von Christus und die Wahl einer gerade „gefragten" Philosophie oder Religion nach sich zieht.[105]

Das Christentum bringt bestimmte Inhalte mit sich, die häufig nutzlos zu sein und den Menschen einzuschränken scheinen. Deshalb geben viele den Glauben an Gott auf und verlassen die Kirche, weil sie überzeugt sind, dass der Glaube und die Kirche ihnen nichts geben und nichts anzubieten haben.[106] Sie akzeptieren dagegen eine bestimmte Religion, wenn sie dadurch einen praktischen Nutzen erreichen. Der Glaube schwindet, wenn der Mensch nichts Interessantes und Nützliches für sich im Christentum findet. Manchmal hat er sogar den Eindruck, die von der Kirche verkündete Wahrheit sei etwas Überflüssiges, sie wirke repressiv und beschränke die menschliche Freiheit. Der Mensch lehnt also das „nutzlose" Christentum ab, greift aber gleichzeitig zu solchen Weltanschauungen und Ansichten, die für ihn in schwierigen Momenten als die Quelle des Lebenssinns und des Trostes nützlich sein können.[107]

Das Zweite Vatikanische Konzil warnt vor der Gefahr einer falschen und verzerrten Vorstellung von Gott und stellt fest: „Andere machen sich ein solches Bild von Gott, dass jenes Gebilde, das sie ablehnen, keineswegs der Gott des Evangeliums ist".[108] Hätten sie den authentischen Gott der christlichen Offenbarung erkannt, hätten sie ihn vielleicht überhaupt nie abgelehnt. Die in ihrem Verstand verzerrte religiöse Wahrheit wurde in diesem Falle zur Ursache des Unglaubens.

---

[105] Vgl. ebd., S. 49.
[106] Vgl. ebd.
[107] Vgl. ebd.
[108] GS 19.

Eine weitere Ursache für die Ablehnung Gottes kann auch die empirische Mentalität sein. Der Mensch mit dieser Art Mentalität konzentriert seine Aufmerksamkeit auf die ihn umgebende Welt. Er ist an die Materie gebunden (Materialismus). Die Errungenschaften der Wissenschaft, der Technik und der Medizin engen seinen Blick ein. Er beachtet keine höheren Werte und bleibt ihnen gegenüber verschlossen. Er bemerkt auch nichts Sakrales in der Welt, weder die Gegenwärtigkeit noch das Wirken Gottes. Die göttliche Hilfe braucht er nicht. Dagegen sucht er nach Rückhalt in der Wissenschaft, Technik und Medizin. Der Glaube an Gott wird bei ihm durch den Glauben an die Macht der Technik ersetzt. Solch eine Mentalität bleibt nicht ohne Einfluss auf die Denkweise des Menschen, der sich Herr über sich selbst und über die Welt fühlt.[109] Der Ablehnung der Religion und des Glaubens an Gott können ebenfalls Gefühle, Begierden und der Wille zugrunde liegen. So wie die Vernunft gegen die Inhalte des Glaubens kann sich auch der Wille gegen die moralischen Gebote auflehnen, die ihm manchmal grundlos und ungerechtfertigt zu sein scheinen.[110]

Der Glaube schwindet, wenn es dem Menschen an entsprechenden intellektuellen Grundlagen, an persönlichen religiösen Erfahrungen und an Impulsen zu dessen Reifung fehlt. Wenn der Mensch keine richtigen Bedingungen und keine Motivation zum Wachsen im Glauben hat, dann kann dieser durch die Kultur des Relativismus und Laizismus verdrängt werden. Es kommt dazu, wenn der Mensch nur auf sich selbst angewiesen ist oder wenn er bewusst auf die Sorge um sein Leben aus dem Glauben verzichtet. Der Abbruch der Verbindung zu Gott und das Schwinden des Glaubens können zu Lebensenttäuschungen und Verletzun-

[109] Vgl. GS 19 und 27; vgl. auch F. Bargieł: Niektóre źródła współczesnego ateizmu, a.a.O., S. 490-491.

[110] Vgl. F. Bargieł: Niektóre źródła współczesnego ateizmu, a.a.O., S. 494.

gen führen, die der Mensch als Anregungen zum geistigen Wachsen nicht zu nutzen weiß.[111]

Der Glaube schwindet auch, wenn der Mensch sich mit den Gütern zufrieden gibt, die er besitzt, oder wenn er feststellt, dass es ihm ohne Glauben besser geht. Der Glaube wird ebenfalls schwächer, wenn der Mensch sich nicht aus dem Evangelium nährt, denn er weiß nicht, wie es wäre, nach dessen Geboten zu leben. Der Glaube kann nicht anders als schwach sein, wenn die Christen vergessen, eine persönliche Beziehung zu Christus zu pflegen.[112]

Die Ursachen des Atheismus sind nicht nur im Inneren des Menschen, sondern auch draußen, in seiner Umgebung zu suchen. Dazu gehören Systeme, Bewegungen, Doktrinen und Aktionen, die den Atheismus fördern und dafür werben. Das Verhalten anderer Menschen, ihre Worte und Taten können vom Glauben abstoßen oder geradezu zum Atheismus veranlassen. Manchmal tragen auch die Gläubigen eine gewisse Verantwortung daran.[113]

Die pastorale Konstitution über die Kirche in der Welt von heute betont, dass nicht ohne Schuld diejenigen sind, die Gott absichtlich von ihren Herzen fernhalten und, ohne auf die Stimme des Gewissens zu hören, religiöse Fragen zu vermeiden suchen. Auch die Gläubigen selbst tragen daran eine gewisse Verantwortung. Der Atheismus resultiert aus verschiedenen Ursachen. Eine davon ist die kritische Einstellung zur christlichen Religion. „Deshalb können an dieser Entstehung des Atheismus die Gläubigen einen erheblichen Anteil haben, insofern man sagen muss, dass sie durch Vernachlässigung der Glaubenserziehung, durch missverständliche Darstellung der Lehre oder auch durch die Män-

---

111 Vgl. R. Hajduk: Przyczyny erozji wiary chrześcijańskiej, a.a.O., S. 57.
112 Vgl. ebd., S. 58.
113 Vgl. GS 19 und 43; vgl. auch F. Bargieł: Niektóre źródła współczesnego ateizmu, a.a.O., S. 496.

gel ihres religiösen, sittlichen und gesellschaftlichen Lebens das wahre Antlitz Gottes und der Religion eher verhüllen als offenbaren".[114]

Der Atheismus nimmt oft eine systematische Form an und fördert die Apotheose der menschlichen Freiheit und Autonomie. Das Streben nach dieser Autonomie wird so weit getrieben, dass der Mensch sich jeder Abhängigkeit von Gott widersetzt und selbst zum Ziel, Schöpfer und Gestalter seiner eigenen Geschichte wird. Das lässt sich wiederum mit der Anerkennung Gottes als Urheber und Ziel aller Wirklichkeit nicht vereinen. Diese Lehre kann noch durch das Erlebnis der Macht begünstigt werden, das der technische Fortschritt dem Menschen gibt.[115]

In der oben erwähnten Konstitution lesen wir weiter, der moderne Atheismus erwartet, dass die Befreiung des Menschen sich vor allem durch wirtschaftliche und gesellschaftliche Revolution vollziehen werde. Die Atheisten behaupten, dass „dieser Befreiung die Religion ihrer Natur nach im Wege stehe, insofern sie die Hoffnung des Menschen auf ein künftiges und trügerisches Leben richte und ihn dadurch vom Aufbau der irdischen Gesellschaft abschrecke".[116]

Die Kirche versucht, die Gründe für die Leugnung Gottes zu erfassen, und geht an die Probleme heran, die der Atheismus aufwirft. Sie macht sie zum Objekt einer ernsten und gründlichen Analyse,[117] um auf die Frage zu antworten, was der Glaube ist und was es heißt, in der heutigen Welt zu glauben, gerade angesichts des Unglaubens und Atheismus, der manchmal die Form

---

114 GS 19.

115 Vgl. GS 20; vgl. auch Johannes Paul II.: Problem niewiary oraz ateizmu. In: ders.: Wierzę w Boga Ojca Stworzyciela, a.a.O., S. 90.

116 GS 20.

117 Vgl. GS 21; vgl. auch L. Balter: Od wiary do teologii, a.a.O., S. 16; J. Paszyński: Ateizm jest bardziej racjonalny niż wiara w Boga?. In: R. Hajduk (Hg.): Współczesne herezje. Olsztyn 2009, S. 22–23.

des programmatischen Kampfes gegen die Religion, vor allem gegen das Christentum, annimmt. In diesem Kontext wird sichtbar, dass der Glaube besonders bewusst, gründlich und reif sein soll, geprägt vom Verantwortungsgefühl und von der Liebe zu allen Menschen. Das Bewusstsein der Schwierigkeiten, Vorwürfe und Verfolgungen soll eine noch größere Bereitschaft auslösen, von der Hoffnung Zeugnis zu geben, die uns erfüllt (vgl. 1 P 3, 15).[118]

Wenn es um die Reife des Glaubens und seine Konsequenzen geht, stellt die pastorale Konstitution *Gaudium et spes* hohe Ansprüche an die gläubigen Christen und Mitglieder der Kirche: „Das Heilmittel gegen den Atheismus kann nur von einer situationsgerechten Darlegung der Lehre und vom integren Leben der Kirche und ihrer Glieder erwartet werden. [...] Das wird vor allem erreicht durch das Zeugnis eines lebendigen und gereiften Glaubens, der so weit herangebildet ist, dass er die Schwierigkeiten klar zu durchschauen und sie zu überwinden vermag. Ein leuchtendes Zeugnis dieses Glaubens gaben und geben die vielen Märtyrer. Dieser Glaube muss seine Fruchtbarkeit bekunden, indem er das gesamte Leben der Gläubigen, auch das profane, durchdringt und sie zu Gerechtigkeit und Liebe, vor allem gegenüber den Armen, bewegt".[119]

Etwas anderes ist das den Menschen meistens mit Gewalt oder List aufgezwungene System, und etwas anderes der Mensch, die menschliche Person, die ihre Schwierigkeiten erlebt, darunter auch Zweifel im Bereich des Glaubens. Während also der in seine eigenen Probleme verwickelte, zweifelnde, sich für einen Nichtglaubenden ausgebende Mensch Respekt und Achtung verdient und ernst genommen werden soll, muss das gottfeindliche System als solches (der antichristliche Laizismus, der Gott offiziell leug-

[118] Vgl. Johannes Paul II.: Problem niewiary oraz ateizmu, a.a.O., S. 91.
[119] GS 21.

nende, militante Atheismus), von der Kirche mit Entschlossenheit verurteilt werden. Die Kirche verwirft den Atheismus entschieden und eindeutig. Sie ermutigt aber alle Menschen, Glaubende und Nichtglaubende, zum richtigen und gemeinsamen Aufbau dieser Welt. Für die Glaubenden verlangt sie Handlungsfreiheit, und die Atheisten lädt sie ein, das Evangelium Christi kennen zu lernen.[120]

Es ist zu bemerken, in manchen Fällen können Personen, die sich für Nichtglaubende ausgeben oder für solche gehalten werden, in ihrem Innersten tiefer glauben als die Glaubenden selbst oder diejenigen, die sich selbst für solche halten. Sie können nämlich anders glauben, sozusagen „auf ihre Art", an etwas oder jemand, der die Welt leitet, aber völlig anders ist, als es die Worte und Taten der (formell) Glaubenden schließen lassen. Das Problem des Glaubens wird dann zu ihrem persönlichen Problem, zu ihrer „persönlichen Sache"; es heißt aber nicht, dass die anderen (die Glaubenden) nicht das Recht (und die Pflicht) haben, sich um die geistige Entwicklung der Nichtglaubenden zu kümmern, denn Gott bleibt unablässig der Vater aller seiner Kinder und will durch den Glauben jeden mit sich verbinden.[121]

---

[120] Vgl. ebd.
[121] Vgl. L. Balter: Od wiary do teologii, a.a.O., S. 16-17.

Die Weitergabe des Glaubens als Sendung der Kirche

Der christliche Glaube ist nicht nur eine Lehre, eine Weisheit, eine Sammlung von moralischen Regeln oder eine Tradition. Sie beruht nicht auf einem ethischen Entschluss oder der Annahme einer großen Idee, sondern auf der Beziehung zu Gott, die dank der Begegnung mit der Person Jesu Christi aufgenommen wurde.[1] Den Glauben weiterzugeben heißt, an jedem Ort und zu jeder Zeit Bedingungen zu schaffen, die solch eine Begegnung zwischen den Menschen und Jesus Christus möglich machen. Das Ziel jeder Evangelisierung ist es, diese innere und persönliche, zugleich aber auch öffentliche und gemeinschaftliche Begegnung zu verwirklichen.[2]

Die Sendung der Kirche nimmt ihren Anfang in der Sendung Christi, der vom Vater gesandt worden ist, um das Wort Gottes zu verkünden und das Heil der Welt zu vollbringen. Jesus Christus bestätigt das mit seinen Worten: „Ich muss […] das Evangelium vom Reich Gottes verkünden; denn dazu bin ich gesandt worden" (Lk 4, 43) und „Der Geist des Herrn ruht auf mir; denn der Herr hat mich gesalbt. Er hat mich gesandt, damit ich den Armen eine gute Nachricht bringe" (Lk 4, 18; Jes 61, 1).[3] Als Höhepunkt und

---

1 DCE 1; vgl. P. Poupard: Wiara i kultura. Współczesne wyzwania. In: Społeczeństwo, Nr. 5 (2002), S. 544.

2 Vgl. Bischofssynode, XIII. Ordentliche Vollversammlung: *Instrumentum laboris*, a.a.O., Nr. 18.

3 Vgl. EN 6 und RMis 23.

Zentrum der Frohbotschaft verkündet Christus das Heil – dieses große Geschenk Gottes, das nicht nur als Befreiung von allem, was den Menschen bedrückt, sondern insbesondere von der Sünde und dem Bösen zu verstehen ist. Diese Befreiung verbindet sich mit der Freude, die man erfährt, wenn man Gott erkennt und von ihm erkannt wird, wenn man Gott sieht und in ihm vertrauensvoll ruht.[4] Die Evangelisierungstätigkeit Christi umfasst folgende Gesichtspunkte: die Menschwerdung selbst, die Wunder, die Unterweisungen, die Sammlung von Jüngern, die Aussendung der Zwölf, das Kreuz und die Auferstehung.[5]

Die Kirche ist in ihrem Wesen das „allumfassende Heilssakrament“,[6] denn Gott will, dass „alle Menschen gerettet werden und zur Erkenntnis der Wahrheit gelangen“ (1 Tim 2, 4).[7] Er hat die Kirche eingesetzt und sie ins universale Heilswerk einbezogen.[8] Das Konzilsdekret über das Laienapostolat drückt diesen Gedanken so aus: „Dazu ist die Kirche ins Leben getreten: sie soll zur Ehre Gottes des Vaters die Herrschaft Christi über die ganze Erde ausbreiten und so alle Menschen der heilbringenden Erlösung teilhaftig machen“.[9] Der Glaube ist notwendig, um die Gegenwart des Reiches Gottes in der Welt zu verwirklichen.

Die Heilssendung der Kirche

Seine vom Vater erhaltene Heilssendung hat Christus an die Apostel weitergegeben, und von ihnen wiederum hat sie die Kirche erhalten, damit sie diese Sendung realisiert, unter der Leitung

4 Vgl. ebd.
5 Vgl. EN 6.
6 LG 48; vgl. GS 45 und AG 1; vgl. auch H. U. von Balthasar: Sobór Ducha Świętego: Apostolska wizja Kościoła. In: L. Balter / S. Dusza / F. Mickiewicz (Hg.): Duch Odnowiciel, a.a-.O., S. 167.
7 Vgl. SC 5 und AG 7.
8 Vgl. RMis 9.
9 AA 2.

derer, die von Amts wegen die Nachfolger der Apostel sind. Die dogmatische Konstitution über die Kirche betont: „Diesen feierlichen Auftrag Christi zur Verkündigung der Heilswahrheit hat die Kirche von den Aposteln erhalten und muss ihn erfüllen bis zu den Grenzen der Erde (vgl. Apg 1, 8). Daher macht sie sich die Worte des Apostels zu eigen: „Weh (...) mir, wenn ich die Frohbotschaft nicht verkünde"! (1 Kor 9, 16.). Unablässig fährt sie darum fort, Verkünder auszusenden, bis die neuen Kirchen voll errichtet sind und auch selbst das Werk der Verkündigung fortsetzen können. Sie wird nämlich vom Heiligen Geiste angetrieben, mitzuwirken, dass der Ratschluss Gottes, der Christus zum Ursprung des Heils für die ganze Welt bestellt hat, tatsächlich ausgeführt werde. In der Verkündigung der Frohbotschaft sucht die Kirche die Hörer zum Glauben und zum Bekenntnis des Glaubens zu bringen".[10]

Von ihrem Wesen her hat die Kirche einen missionarischen Charakter, weil sie in der Sendung Jesu Christi und des Heiligen Geistes nach dem Ratschluss Gottes des Vaters verwurzelt bleibt. Überdies ist sie missionarisch, weil sie auch das Subjekt, die Verkünderin und Zeugin der göttlichen Offenbarung ist.[11] Die Kirche ist missionarisch, denn sie wurde berufen, durch die Verkündigung der Botschaft des Evangeliums das Reich Gottes auf der Erde zu verbreiten[12] und dadurch alle Menschen zu Teilhabern der heilenden Erlösung zu machen und die Welt auf Christus auszurichten. Das Ziel des missionarischen Engagements der Kirche – das heißt ihrer wichtigsten und wesentlichsten Tätigkeit – ist die Erneuerung des Glaubens und des christlichen Lebens. Die Missionstätigkeit erneuert nämlich die Kirche selbst, bestärkt den

---

[10] LG 17.

[11] Vgl. LG 2; vgl. auch Bischofssynode, XIII. Ordentliche Vollversammlung: Die neue Evangelisierung für die Weitergabe des christlichen Glaubens: *Lineamenta*, Rom 2. Februar 2011, Nr. 2.

[12] Vgl. RMis 1 und VD 94.

Glauben und die Identität der Christen, verleiht dem christlichen Leben Schwung, Enthusiasmus und eine neue Berechtigung.

Der Glaube wird stark, wenn er weitergegeben wird.[13] Die Weltmission der Kirche kommt aus dem Glauben an Jesus Christus. Die Teilnahme daran ist das Zeichen des gereiften Glaubens und eines christlichen Lebens, das Früchte trägt.[14] Allein im Glauben kann die Sendung verstanden werden, auf ihn hin ist sie gegründet.[15] Es ist ein und dieselbe Mission mit demselben Ursprung und demselben Ziel; obwohl es innerhalb von ihr verschiedene Aufgaben und Tätigkeiten gibt.[16] Eines der Hauptziele der Mission und der Evangelisierung ist es, das Volk zum Hören der Frohbotschaft, zur brüderlichen Gemeinschaft, zum Gebet und zur Eucharistie zu versammeln[17] sowie den Schatz des christlichen Glaubens auch in der heutigen Welt weiterzugeben und das Glaubensgut zu hüten.[18]

Es gibt verschiedene Formen der missionarischen Tätigkeit der Kirche. Eine davon ist ihre Hinwendung zu den Völkern, Gemeinschaften und soziokulturellen Gruppen, in denen Christus und sein Evangelium noch nicht bekannt sind oder in denen es an genügend reifen christlichen Gemeinden fehlt, um den Glauben in ihrer eigenen Umgebung Fuß fassen zu lassen und anderen Menschen zu verkündigen. Das ist im engen Sinne die Mission *ad gentes*.[19]

Christliche Gemeinschaften, die angemessene und solide kirchliche Strukturen besitzen und inbrünstig glauben, legen in

---

13 Vgl. RMis 2; vgl. auch Bischofssynode, XIII. Ordentliche Vollversammlung: *Instrumentum laboris*, a.a.O., Nr. 9.

14 Vgl. RMis 77.

15 Vgl. RMis 4.

16 Vgl. RMis 31.

17 Vgl. RMis 26.

18 Vgl. Johannes Paul II: Apostolische Konstitution *Fidei depositum*, Einleitung; vgl. auch Bischofssynode, XIII. Ordentliche Vollversammlung: *Instrumentum laboris*, a.a.O., Vorwort.

19 Vgl. AG 6.

ihrer Umgebung Zeugnis für das Evangelium ab und fühlen sich für die weltweite Mission verantwortlich. In diesen Gemeinschaften entfaltet sich die Seelsorgetätigkeit der Kirche, die der Verkündigung des Evangeliums vom Reich Gottes dient. Was auch immer die Kirche tut, steht im Dienste der Evangelisierung.[20]

Es gibt schließlich auch „eine Situation dazwischen, vor allem in Ländern mit alter christlicher Tradition, aber manchmal auch in jüngeren Kirchen, wo ganze Gruppen von Getauften den lebendigen Sinn des Glaubens verloren haben oder sich gar nicht mehr als Mitglieder der Kirche erkennen, da sie sich in ihrem Leben von Christus und vom Evangelium entfernt haben. In diesem Fall braucht es eine „neue Evangelisierung" oder eine „Wieder-Evangelisierung" ".[21]

Im apostolischen Schreiben *Evangelii nuntiandi* über die Evangelisierung in der Welt von heute ermutigt der Papst Paul VI. die Kirche zur Verkündigung des Evangeliums „an die Menschen unserer Zeit, die von Hoffnung erfüllt, aber gleichzeitig oft von Furcht und Angst niedergedrückt sind".[22]

Die Kirche ist Hüterin der Frohbotschaft Christi, die es den Menschen zu verkündigen gilt. Die Kirche existiert, um zu evangelisieren, das heißt, um das Wort Gottes zu predigen und zu lehren, um die Frohbotschaft in alle Bereiche der Menschheit zu tragen.[23]

Die Verkündigung der Botschaft des Evangeliums ist die Aufgabe und die Pflicht der Kirche, aber auch der Auftrag, der ihr von Jesus Christus gegeben wurde, damit die Menschen glauben und das Heil erlangen können. Die Kirche nimmt ihren Anfang in der zuerst von Jesus und seinen Jüngern unternommenen Evangeli-

[20] Vgl. R. Hajduk: Posłani głosić dobrą nowinę. Podstawowy kurs homiletyczny. Kraków 2007, S. 17.
[21] RMis 33.
[22] EN 1; vgl. EN 14.
[23] Vgl. EN 15 und 18.

sierung und soll dessen Mission und Werk unablässig fortsetzen.[24] Die ganze Evangeliumsbotschaft muss bewusst, frei, lebendig und wirksam weitergegeben werden, damit sie die Herzen der Menschen durchdringen kann. Sie ist notwendig und kann nicht ersetzt werden. Von ihr hängt das Heil der Menschen ab. Sie stellt die Schönheit der Offenbarung dar.[25] Das überlieferte Glaubensgut muss in seiner unantastbaren Reinheit von der Kirche bewahrt und den Menschen der heutigen Zeit dargeboten werden.[26]

Die Weitergabe des Glaubens zeichnet sich durch eine komplexe Dynamik aus, die das Leben der Christen und der Kirche völlig mit einbezieht. Man kann nicht etwas weitergeben, woran man selbst nicht glaubt und woraus man nicht lebt. Die Kirche teilt den Glauben mit, aus dem sie selbst lebt, den sie bekennt und von dem sie Zeugnis gibt.[27] Die Weitergabe des Glaubens vollzieht sich nicht nur durch Worte, sondern erfordert eine Beziehung zu Gott durch das Gebet, das der Glaube im Handeln ist.[28]

Das Ziel der Weitergabe des Glaubens ist daher die Verwirklichung der Begegnung mit Jesus Christus, im Heiligen Geist, und die Erfahrung seines und unseres Vaters und dessen Gegenwart. Den Glauben weiterzugeben heißt, an allen Orten Voraussetzungen zu schaffen, damit es zu der Begegnung zwischen den Menschen und Jesus Christus kommen kann. Der Glaube als Begegnung mit seiner Person hat die Gestalt der Beziehung zu ihm und in der Kraft des Geistes der Formung der Gesinnung Christi in uns.[29] Der Glaube an die Liebe Gottes ist die Grundlage des christlichen Lebens. Am Anfang des Christseins steht die Begeg-

---

24 Vgl. DH 13; LG 5; AG 1; EN 1; EN 59.
25 Vgl. EN 5.
26 Vgl EN 3 und 4.
27 Vgl. EN 12 und 13.
28 Vgl. EN 14.
29 Vgl. Bischofssynode, XIII. Ordentliche Vollversammlung: Die neue Evangelisierung für die Weitergabe des christlichen Glaubens: *Lineamenta*, a.a.O., Nr. 11.

nung mit der Person, die dem Leben einen neuen Horizont und damit seine entscheidende Richtung gibt.[30]

Es gibt auch Hindernisse für die Weitergabe des Glaubens. Fast überall sind sie sehr ähnlich. Es geht um Hindernisse innerhalb der Kirche und des christlichen Lebens: der Glaube wird in privater und passiver Gestalt gelebt; das Bedürfnis einer Erziehung im eigenen Glauben wird nicht gespürt; Glauben und Leben werden getrennt. Zu den äußeren Hindernissen, die das Leben des Glaubens und seine Weitergabe schwierig machen, gehören: der Konsumismus und der Hedonismus, der kulturelle Nihilismus und die Verschlossenheit gegenüber der Transzendenz.[31]

In der Enzyklika *Redemptoris missio* stellt Johannes Paul II. fest, dass unsere Zeit einen neuen Anstoß zur Missionstätigkeit der Kirche erfordert. Die Christen sind zu apostolischem Mut aufgerufen, der auf das Vertrauen in den Geist gegründet ist. In der Geschichte der Menschheit gibt es zahlreiche Zeitenwenden, die zu einer missionarischen Dynamik anregen, worauf die vom Heiligen Geist geführte Kirche immer geantwortet hat. Heute steht sie vor anderen Herausforderungen. Sie muss zu neuen Ufern aufbrechen, einerseits in ihrer Erstmission *ad gentes*, andererseits in der Neuevangelisierung von Völkern, denen die Botschaft von Christus schon verkündet worden ist. Heute wird von allen Christen und von der Weltkirche derselbe Mut verlangt, der die Missionare der Vergangenheit bewegt hat, und dieselbe Bereitschaft, die Stimme des Heiligen Geistes zu hören.[32]

Durch die Evangelisierung und Missionstätigkeit vollzieht Gott die Heilsgeschichte.[33] Die Kirche ist das Sakrament des Heils[34] da-

30 Vgl. DCE 1.
31 Vgl. Bischofssynode, XIII. Ordentliche Vollversammlung: *Instrumentum laboris*, a.a.O., Nr. 95.
32 Vgl. RMis 30.
33 Vgl. RMis 41.
34 Vgl. AG 5.

durch, dass sie das „Sakrament der Einheit"[35] im Wirken ist, „kraft dessen sie im Gehorsam gegen Christi Gebot und getrieben von der Gnade und Liebe des Heiligen Geistes allen Menschen und Völkern in voller Wirklichkeit gegenwärtig wird, um sie durch das Zeugnis des Lebens, die Verkündigung, die Sakramente und die übrigen Mitteilungsweisen der Gnade zum Glauben, zur Freiheit und zum Frieden Christi zu führen".[36]

Alle, die das Volk Gottes bilden, müssen sich also gerade um ihres Glaubens willen zum Mitwirken am Missionswerk berufen fühlen.[37] Diese Wahrheit wurde vom Zweiten Vatikanischen Konzil im Dekret über die Missionstätigkeit der Kirche folgendermaßen formuliert: „Da die ganze Kirche missionarisch und das Werk der Evangelisation eine Grundpflicht des Gottesvolkes ist, lädt die Heilige Synode alle zu einer tiefgreifenden, inneren Erneuerung ein, damit sie im lebendigen Bewusstsein der eigenen Verantwortung um die Ausbreitung des Evangeliums ihren Anteil am Missionswerk bei den Völkern übernehmen".[38]

Gleich danach gibt das Konzil eine Begründung, in der es sich zu den Sakramenten der christlichen Initiation äußert (Taufe, Firmung und Eucharistie), die die Menschen Christus eingliedern und gleichstellen. Sie haben die Aufgabe, mit ihm verbunden an dem Wachstum der Kirche mitzuwirken, damit diese möglichst bald ihre Vollgestalt erreicht. Dieses Wirken wird umso erfolgreicher, je lebendiger das Verantwortungsbewusstsein der Christen gegenüber der Welt ist.[39] Auf diese Weise wird die Kirche zum „Sakrament, das heißt Zeichen und Werkzeug für die innigste Verei-

[35] SC 26.
[36] AG 5.
[37] Vgl. LG 17.
[38] AG 35.
[39] Vgl. AG 36.

nigung mit Gott wie für die Einheit der ganzen Menschheit"[40] und ist die Keimzelle der Einheit, der Hoffnung und des Heils.[41]

Das Dekret über die Missionstätigkeit der Kirche erinnert daran, dass die ganze Kirche ihrem Wesen nach missionarisch ist, da sie „ihren Ursprung aus der Sendung des Sohnes und der Sendung des Heiligen Geistes herleitet gemäß dem Plan Gottes des Vaters".[42] In ihrer apostolischen Mission wendet sich die Kirche an alle Menschen, um sie zum Glauben an Jesus Christus zu bringen.

Die Kirche als Gemeinschaft der Gläubigen ist von Jesus Christus hier auf Erden verfasst worden. Sie besteht seit Hunderten von Jahren und wird bis zum Ende der Welt (vgl. Mt 28, 20) bestehen bleiben. Als sichtbares Gefüge wird sie unablässig von der Gnade Christi getragen und bestärkt.[43] Ein kostbarer Schatz, den sie besitzt, ist der Glaube an Jesus Christus. Das Fundament dieses Glaubens bildet das Zeugnis der Apostel vom auferstandenen Christus, das in einer unveränderten Form bis in die heutige Zeit reicht.

Die Kirche hat die Aufgabe, diesen ihren kostbarsten Schatz – den Glauben – der ganzen menschlichen Gesellschaft von heute mitzuteilen.[44] Es war der Wille des göttlichen Meisters, dass alle Menschen gerettet werden. Die Kirche empfängt und realisiert den Auftrag ihres Stifters und kommt seit ihren Anfängen den Bedürfnissen der Menschen aller Zeiten entgegen.[45] Sie teilt allen Völkern den Glauben an Jesus Christus mit und verbreitet dadurch das Reich Gottes auf Erden.[46] Die Kirche erfüllt diese Sendung trotz der Meinungen, dass alle Religionen – jede auf ihre eigene Art und Weise – zum Heil führen.[47]

---

40 LG 1.
41 Vgl. LG 9.
42 AG 2; vgl. auch H. U. von Balthasar: Sobór Ducha Świętego, a.a.O., S. 169.
43 Vgl. LG 8 und 18.
44 Vgl. GS 42; vgl. auch H. Fries: Wiara zakwestionowana, a.a.O., S. 27; KKK 169.
45 Vgl. GS 58 und 91.
46 Vgl. LG 5; AG 1.
47 Vgl. Kongregation für die Glaubenslehre: Erklärung *Dominus Iesus* über die Einzigkeit

In dem apostolischen Schreiben *Porta fidei* unterstreicht der Papst Benedikt XV., dass Jesus Christus durch seine Liebe Menschen aller Generationen an sich zieht. Zu allen Zeiten ruft er die Kirche zusammen, vertraut ihr die Verkündigung des Evangeliums mit einem Auftrag an, der immer neu ist. Darum ist auch heute ein überzeugterer kirchlicher Einsatz für eine neue Evangelisierung notwendig, um wieder die Freude am Glauben zu entdecken und die Begeisterung in der Weitergabe des Glaubens wiederzufinden. Im täglichen Wiederentdecken der Liebe Gottes schöpft der missionarische Einsatz der Gläubigen, der niemals nachlassen darf, Kraft und Stärke. Der Glaube wächst nämlich, wenn er als Erfahrung einer empfangenen Liebe gelebt und als Erfahrung von Gnade und Freude vermittelt wird. Er macht fruchtbar, weil er das Herz in der Hoffnung weitet und befähigt, ein Zeugnis zu geben, das etwas zu bewirken vermag: Er öffnet nämlich Herz und Sinn der Zuhörer, damit sie die Einladung des Herrn annehmen, seinem Wort zuzustimmen und seine Jünger zu werden.[48]

Die Kirche als Subjekt der Kommunikation des Glaubens

Der vom Zweiten Vatikanischen Konzil gewiesene Weg der Bereicherung des Glaubens führt durch das immer tiefer werdende Bewusstsein der Kirche. In der dogmatischen Konstitution über die Kirche werden neue Wege der Bereicherung des Glaubens entdeckt, auf denen das Volk Gottes in Richtung Zukunft schreiten soll. Dabei muss sie immer die Tatsache berücksichtigen, dass sie selbst ihren Platz im Mittelpunkt eines der Artikel des altertümlichen Credo gefunden hat: „Ich glaube an die eine, heilige, katholische und apostolische Kirche". Als Objekt des Glaubens bezieht

und die Heilsuniversalität Jesu Christi und der Kirche, Nr. 22.

48 Vgl. Benedikt XVI.: Porta fidei, a.a.O., Nr. 7.

sich die Kirche eng auf die Existenz des Dreieinigen Gottes und auf das Werk der Schöpfung, der Offenbarung und der Erlösung.

Die Kirche ist aber gleichzeitig auch das Subjekt des Glaubens, denn sie ist die Gemeinschaft von Gläubigen, die ihre Antwort auf Gottes Wort geben. Die Kirche als menschliche Gemeinschaft wird vereint und verbunden durch den Glauben, das heißt durch den Gehorsam dem Heilswillen Gottes gegenüber. Diese aus dem Dialog mit Gott wachsende Gemeinschaft zeugt von der vertikalen Dimension der Kirche.

Die Gemeinschaft der mit Gott Verbundenen bleibt offen für alle anderen Menschen. Der im Dialog mit Gott ausgedrückte Glaube lässt die horizontale Dimension der Kirche gestalten, die mit ihrer vertikalen Dimension eng verbunden ist und dank ihrer existiert. Das stimmt mit dem Willen Gottes überein, der will, dass „alle Menschen gerettet werden und zur Erkenntnis der Wahrheit gelangen“ (1 Tim 2, 4). Das Bewusstsein der Kirche und folglich auch ihre Tätigkeit müssen der Universalität des göttlichen Heilsplans und des Erlösungswerks entsprechen.[49]

Seit den apostolischen Zeiten, über Jahrhunderte hindurch, bis an den heutigen Tag trägt die Kirche als Gemeinschaft der Gläubigen den Glauben an den einen Gott und an seinen Sohn Jesus Christus. Durch ihr Wirken steht sie im Dienst dieses Glaubens[50] und verleiht dem menschlichen Leben dadurch Sinn und Richtung. Am Anfang seiner Tätigkeit bestellte der Herr Jesus die Zwölf, damit sie bei ihm seien und der Welt das Heilsevangelium verkünden (vgl. Mk 3, 13-14).[51] Von da an teilten sie mit ihm ihr Schicksal, ahmten ihn nach und wuchsen auf diese Weise im Glauben an seine Gottheit. Christus offenbarte sich seinen Jüngern allmählich als der Sohn Gottes. Er tat dies durch

49 Vgl. K. Wojtyła: U podstaw odnowy, a.a.O., S. 34.
50 Vgl. Johannes Paul II.: Co to znaczy wierzyć, a.a.O., S. 41.
51 AG 5.

seine Worte, denn er lehrte „wie einer, der (göttliche) Vollmacht hat“,[52] aber auch durch seine Wunder, die Bewunderung weckten (vgl. Mk 2, 12). So wuchs nach und nach das Vertrauen der Jünger zu seiner Person. Die tiefste Überzeugung von der göttlichen Sohnschaft Christi gewannen sie, als sie den auferstandenen Herrn sahen. Diese Überzeugung ließ sie die Mission aufnehmen, mit der sie der zum Vater zurückkehrende Jesus mit folgenden Worten beauftragte: „Darum geht zu allen Völkern und macht alle Menschen zu meinen Jüngern; tauft sie auf den Namen des Vaters und des Sohnes und des Heiligen Geistes, und lehrt sie, alles zu befolgen, was ich euch geboten habe. Seid gewiss: Ich bin bei euch alle Tage bis zum Ende der Welt“ (Mt 28, 19-20).

Dadurch, dass Christus seinen Jüngern die Verkündigung des Evangeliums an alle Menschen aufgetragen hat, ist der Einladung zum Glauben ein allgemeiner Charakter verliehen worden. Alle, die das Wort Gottes annehmen und daran treu festhalten, bilden die Gemeinschaft der Gläubigen. Der Glaube hat also einen sozialen, kollektiven und eklesialen Charakter. Im Neuen Testament findet man neben den Texten über den individuellen Glauben auch Fragmente, die seinen gemeinschaftlichen Aspekt zeigen (vgl. 1 Joh 5, 4; Lk 17, 5; 1 Kor 2, 5; 2 Kor 1, 24; Phil 2, 17; 1 Thess 3, 2.5-7; Jak 2, 1; 1 Petr 1, 7.9.21).

Da die Kirche eine soziale Subjektivität besitzt, kann sie kollektive Akte vollziehen, darunter auch Glaubensakte. Das wirkliche Subjekt des Glaubens ist also nicht nur der Einzelne, sondern auch die ihre eigene Persönlichkeit besitzende Kirche. Die Existenz und das Bestehen des so verstandenen Glaubens der Kirche ist das Werk der Heiligen Dreifaltigkeit. Der Vater, der Sohn und der Heilige Geist sind die Quelle der kirchlichen Subjektivität. In dem Begriff „der Glaube der Kirche“ geht es nicht nur um die

[52] Vgl. A. Zuberbier: Wierzę, a.a.O., S. 24.

Doktrin des katholischen Glaubens oder um die Gesamtheit der Glaubensakte der einzelnen Gläubigen. Denn der Glaube der Kirche ist eine besondere Beziehung zwischen dem dreipersonalen Gott und der Gemeinschaft der Christen, eine Beziehung, die sich in dem persönlichen Mitteilen Gottes an die Gemeinschaft der Personen und in der persönlichen Annahme Gottes durch diese Gemeinschaft realisiert.[53]

Die Kirche ist die Gemeinschaft der Gläubigen, die an ein und derselben Wirklichkeit des Glaubens teilhat. Der Einzelne lebt von dem Glauben der Gemeinschaft, die Gemeinschaft dagegen bereichert sich durch den Glauben des Einzelnen. Sowohl die eklesiale Gemeinschaft, als auch die einzelnen Gläubigen beteiligen sich am Prozess der Annahme des Glaubens und seines Teilens. In der Kirche und durch die Kirche lädt Gott den Menschen zum Glauben ein. In der Kirche und durch die Kirche beginnt und realisiert der Mensch den Heilsdialog mit Gott.[54]

In ihrer Sendung übermittelt die Kirche die göttliche Botschaft, die sie aus dem gläubigen Hören des Wortes Gottes angenommen hat.[55] Auf diese Weise leistet sie ihren Beitrag zum Heil der Menschen, weil es im Glauben an Christus und in seiner Gnade erlangt wird, von der die Offenbarung spricht.[56] Die Kenntnis der Glaubensinhalte ist wesentlich, damit der Mensch die eigene Zustimmung zur Teilnahme am Heilswerk geben, das heißt sich dem, was von der Kirche vorgelegt wird, mit Verstand und Willen völlig anschließen kann. „Die Kenntnis des Glaubens führt in das Ganze des von Gott offenbarten Heilgeheimnisses ein. Die gegebene Zustimmung schließt also ein, dass man, wenn man glaubt,

53 Vgl. J. Mastej: Wiara, a.a.O., S. 1327.
54 Vgl. K. Parzych-Blakiewicz: Teologia dialogu jako perspektywa myślenia eklezjalnego. Zarys problematyki. In: Filozofia Dialogu. Bd. 7. Poznań 2009, S. 161-162; vgl. auch J. Mastej: Wiara, a.a.O., S. 1328.
55 Vgl. FR 7.
56 Vgl. AA 6.

freiwillig das gesamte Glaubensgeheimnis annimmt, denn der Bürge für seine Wahrheit ist Gott selbst, der sich offenbart und es ermöglicht, sein Geheimnis der Liebe zu erkennen".[57]

Den einen und nach wie vor denselben Glauben muss die Kirche immer aufs Neue verkündigen und vertiefen. Denn er ist den Menschen gegeben und aufgegeben worden. Die Kirche kann keinen anderen Glauben bekennen und überliefern als den, der ihr ein für allemal überliefert wurde (vgl. Jud 3). Deshalb besteht die Kirche fort, baut auf das Fundament des Glaubens der Apostel (vgl. Eph 2, 20) und stützt darauf ihre Lehre.[58] Sie lässt nicht nach „in der unermüdlichen Sorge für jene, welche den Glauben bereits empfangen haben und oft schon seit Generationen Verbindung mit dem Evangelium haben. Da sucht sie den Glauben derer, die man schon Gläubige nennt, zu vertiefen, zu festigen, zu stärken und immer noch reifer zu machen, damit sie noch lebendiger glauben".[59]

Das Ursprungszeugnis der Apostel ist in den Schriften der apostolischen Zeit überliefert worden. Sie wurden schon sehr früh im Neuen Testament gesammelt, das sich als Erfüllung des Alten Testaments versteht. Beide bilden zusammen die eine Heilige Schrift des Alten und des Neuen Bundes. Sie ist die Grundlage unseres Glaubens, an der sich die ganze kirchliche Verkündigung nähren und orientieren muss.[60] Die Heilige Schrift ist das Wort Gottes, weil es unter Inspiration des Heiligen Geistes niedergeschrieben wurde. Die Bücher der Schrift lehren sicher, getreu und ohne Irrtum die Wahrheit, die Gott um unseres Heiles willen in heiligen Schriften aufgezeichnet haben wollte. Deshalb „ist jede Schrift, von Gott eingegeben, auch nützlich zur Belehrung, zur Beweis-

57 Benedikt XVI.: Porta fidei, a.a.O., Nr. 10.
58 Vgl. DV 7-8; vgl. auch Deutsche Bischofskonferenz: Katholischer Erwachsenen-Katechismus, a.a.O., S. 46.
59 EN 54.
60 Vgl. Deutsche Bischofskonferenz: Katholischer Erwachsenen-Katechismus, a.a.O., S. 47.

führung, zur Zurechtweisung, zur Erziehung in der Gerechtigkeit, damit der Gott gehörige Mensch bereit sei, wohlgerüstet zu jedem guten Werk“ (vgl. 2 Tim 3, 16-17).[61] Unter der Eingebung des Heiligen Geistes können wir zum Wesen der Wahrheit gelangen, die Gott uns in der Bibel übermitteln will. Das Lehramt der Kirche wurde mit der Aufgabe betraut, das geschriebene oder überlieferte Wort Gottes verbindlich zu erklären. Im Wort der Bibel kommt Gott zu uns, und wir kommen zu ihm.[62]

Die Aufgaben der Bischöfe und Priester in der Weitergabe des Glaubens

Die den Aposteln von Christus übertragene Mission wird bis zum Ende der Welt andauern, denn das Evangelium, das sie weitergeben sollen, ist für sie und somit für die ganze Kirche für alle Zeiten die Quelle des Lebens. Darum haben die Apostel ihre Nachfolger, die sogenannten *episkopoi* oder *presbiteroi* bestellt, die die Wächter des Glaubens in den ihnen anvertrauten Gemeinschaften (Gemeinden) waren. Sie haben dieselbe Sendung wie Apostel bekommen, deren Hauptziel es war und ist, das Werk Christi auf Erden fortzusetzen und ihm durch die Ausübung des Lehr- und Hirtenamtes sein Fortdauern zu sichern.[63] Die Bischöfe sind auch die Erben des Depositums des Glaubens (der Glaubenswahrheiten), das sie von den Jüngern des Herrn bekommen haben. Sie sind also verpflichtet, es nicht nur zu hüten und zu schützen, sondern es auch an das Volk Gottes des Neuen Bundes weiterzugeben, damit dieses an die von Gott offenbarten Wahrheiten glaubt und dadurch das Heil erlangt.[64]

61 VD 19.
62 Vgl. VD 29, 30, 32, 33.
63 Vgl. CD 2, 4; DV 7; LG 20, 22.
64 Vgl. AA 6; DV 10; vgl. auch H. Fries: Wiara zakwestionowana, a.a.O., S. 93; Ch. Butler:

Damit aber Christus in der Weitergabe des Glaubens nicht geteilt wird, sind die Bischöfe, wie einst die Apostel mit Petrus, mit seinem Nachfolger vereint und bilden gemeinsam eine Körperschaft – das sogenannte Bischofskollegium.[65] Seine Hauptaufgabe ist es, in Sachen des Glaubens und der Sitten zu lehren. Der Papst und die Bischöfe als das Lehramt der Kirche legen den Gläubigen autoritativ die katholischen Glaubenswahrheiten vor, die von Gott geoffenbart und in der Heiligen Schrift bzw. durch die Tradition überliefert wurden. Die Existenz des Lehramts der Kirche ist also in der Natur des Glaubens selbst begründet.

Das Magisterium der Kirche soll für eine wahre Weitergabe des Glaubens sorgen,[66] der in der Botschaft und somit im Wort Christi gründet (vgl. Röm 10, 17), wie der hl. Paulus lehrt. Deshalb beschäftigt sich das Magisterium besonders mit der Auslegung des Wortes Gottes,[67] damit es von Generation zu Generation treu weitergegeben wird.

Das Zweite Vatikanische Konzil wies erneut darauf hin, dass das Lehramt die Pflicht hat, das geschriebene oder überlieferte Wort Gottes verbindlich zu erklären,[68] in dem solche Gewalt und Kraft steckt, dass „es für die Kirche Halt und Leben, für die Kinder der Kirche Glaubensstärke, Seelenspeise und reiner, unversieglicher Quell des geistlichen Lebens ist".[69] Das Wort Gottes erleuchtet den Geist, stärkt den Willen und entflammt die Menschenherzen zur Gottesliebe.[70] Es ist das Fundament der Kirche. Sie gründet auf dem Wort Gottes, sie entsteht und lebt aus ihm.[71]

Teologia Soboru Watykańskiego II. Paris 1971, S. 73.

65 Vgl. CD 2.

66 Vgl. R. Roqueplo: O trudnościach wiary, a.a.O., S. 29-30; vgl. auch J. Sieg: Wiara Kościoła obecnego w świecie, a.a.O., S. 58.

67 Vgl. DV 10; UR 21.

68 Vgl. DV 10; VD 33.

69 DV 21.

70 Vgl. DV 23; VD 45.

71 Vgl. VD 3 und 86.

Auf dem Lehramt der Kirche ruht die Verantwortung für die Treue der Weitergabe des christlichen Glaubens in der ganzen Welt. Bereits von den Anfängen des Christentums an haben die einzelnen Bischöfe Briefe an verschiedene Kirchen geschrieben. Nach wie vor versammeln sie sich auf Synoden und Konzilen und fällen Entscheidungen, die die ganze Kirche betreffen. Sie passen auf die richtige Weitergabe des Glaubens auf, der sich ständig entwickelt und von Irrtum und Abfall bedroht wird. So wie einst die Apostel klären die Bischöfe heutzutage die Zweifel im Glauben. In Gemeinschaft mit dem Papst legen sie das Evangelium aus, prangern dessen falsche Übersetzungen an und lösen in seinem Licht die modernen sittlichen Probleme. Die Lehraufgaben erfüllen die Bischöfe durch ihre Pastoralbriefe, in denen sie aktuelle, für das christliche Leben wichtige Themen berühren. Sie nehmen die Hilfe von Priestern und Katecheten in Anspruch, für deren angemessene Ausbildung sie sorgen, die sie mit dem Lehren der Glaubenswahrheiten beauftragen und die sie bei Erfüllung dieser Aufgabe unterstützen.[72]

Der Papst, der im Namen Christi der Kirche auf Erden vorsteht, richtet die Lehre der Kirche an alle Gläubigen durch seine Enzykliken oder Ansprachen. Er kann auch in einer feierlichen Form (*ex cathedra*) die Definition einer Glaubenswahrheit angeben und gleichzeitig alle Mitglieder der Kirche verpflichten, diese Wahrheit zu bekennen. Der Bischof von Rom nutzt dann seinen Vorzug der Unfehlbarkeit in Fragen des Glaubens und der Sitten. Der Papst als das Haupt des Bischofskollegiums erfreut sich kraft seines Amtes der Unfehlbarkeit, wenn „er als oberster Hirt und Lehrer aller Christgläubigen [...] eine Glaubens- oder Sittenlehre in einem endgültigen Akt verkündet".[73] Die einzelnen

[72] Vgl. A. Zuberbier: Wierzę, a.a.O., S. 272-273.
[73] LG 25; vgl. Paul VI.: Wyznanie wiary ludu Bożego, a.a.O., S. 433-445.

Bischöfe dagegen besitzen den Vorzug der Unfehlbarkeit nicht, wenn sie sich individuell zu einem Thema äußern. Sie besitzen ihn aber dann, wenn sie „in der Welt räumlich getrennt, jedoch in Wahrung des Gemeinschaftsbandes untereinander und mit dem Nachfolger Petri, authentisch in Glaubens- und Sittensachen lehren und eine bestimmte Lehre übereinstimmend als endgültig verpflichtend vortragen, so verkündigen sie auf unfehlbare Weise die Lehre Christi. Dies ist noch offenkundiger der Fall, wenn sie auf einem Ökumenischen Konzil vereint für die ganze Kirche Lehrer und Richter des Glaubens und der Sitten sind. Dann ist ihren Definitionen mit Glaubensgehorsam anzuhangen".[74]

Die Dokumente des Zweiten Vatikanischen Konzils verstehen das Dienstamt der Bischöfe als einen Dienst für die Stärkung des Glaubens. Dieser Dienst wird christozentrisch dargestellt, denn das Konzil stellt fest, dass in den Bischöfen inmitten der Gläubigen der Herr Jesus Christus, der Hohepriester, anwesend ist.[75]

Der Glaube ist der Gegenstand, der Inhalt und das Ziel des Dienstes eines jeden Bischofs. Die Sorge um das treue Bewahren und die Weitergabe des Glaubens bildet eine wichtige Pflicht, denn der Glaube ist die Bedingung des von Christus gewirkten Heils.[76] Das Priester- und Hirtenamt des Bischofs wächst aus dem Glauben, vermehrt und stärkt ihn und strahlt ihn auf die Menschen und die ganze Welt aus. In seiner Diözese verkörpert der Bischof Christus selbst und drückt den Glauben in verschiedenen Akten des liturgischen Kults aus. Der Dienst am Glauben richtet sich an die Gläubigen. Der Bischof weckt ihren Glauben, stärkt ihn, gibt ihm die richtige Richtung und schützt ihn vor verschiedenen Gefahren. Der Glaube des Bischofs findet dagegen Unter-

74 LG 25; CD 2.
75 Vgl. LG 21.
76 Vgl. A. L. Szafrański: Kairologia. Zarys nauki o Kościele w świecie współczesnym. Lublin 1990, S. 209.

stützung und Stärkung in dem Glauben des ganzen Volkes Gottes aus seiner Diözese.[77] Die Gläubigen haben die Pflicht, auf das Wort ihres Bischofs zu hören, denn sie brauchen ständig die Bestätigung und die Läuterung ihres Glaubens.[78]

Die Bischöfe erfüllen ihre Sendung, indem sie mit vollem Bewusstsein der Verantwortung für die Wahrheit Christi lehren. Ihre Aufgabe ist es, der Wahrheit Zeugnis zu geben.[79] Deshalb unterstreicht die dogmatische Konstitution über die Kirche: „Unter den hauptsächlichsten Ämtern der Bischöfe hat die Verkündigung des Evangeliums einen hervorragenden Platz. Denn die Bischöfe sind Glaubensboten, die Christus neue Jünger zuführen; sie sind authentische, das heißt mit der Autorität Christi ausgerüstete Lehrer. Sie verkündigen dem ihnen anvertrauten Volk die Botschaft zum Glauben und zur Anwendung auf das sittliche Leben und erklären sie im Licht des Heiligen Geistes".[80]

Die Bischöfe wurden mit der Aufgabe beauftragt, die Lokalkirche – d.h. die Diözese – in ihrer Obhut zu haben. In diesen Diözesen sind sie die Hirten der ihnen anvertrauten Herde.[81] Mit ihrer Fürsorge umfassen sie die Gläubigen, die sie geistlich in Taufe und Lehre gezeugt haben (vgl. 1 Kor 4, 15; 1 Petr 1, 23). Als gute Hirten aber, die ihr Zeugnis der Wahrheit und des Lebens geben, sollen sie auch jenen nachgehen, die zwar in der katholischen Kirche getauft worden sind, aber aufgehört haben, die Sakramente zu empfangen, oder sich gar vom Glauben entfernt haben (vgl. Lk 15, 4-7).[82]

In ihren Diözesen sind die Bischöfe die Lehrer des Glaubens. Als Diener Christi und seines Wortes erfüllen sie dieselbe Aufga-

---

77 Vgl. ebd., S. 210.
78 Vgl. PG 29.
79 Vgl. LG 25; FR 6.
80 LG 25; vgl. PG 3.
81 Vgl. CD 2; CD 36; LG 20; LG 27.
82 Vgl. LG 28.

be, mit der Jesus Petrus beauftragte: er möge den Glauben seiner Brüder stärken (vgl. Lk 22, 32). Deshalb stärken auch die Hirten der Diözesen den Glauben der Jünger Christi, sie zeigen ihnen die volle Bedeutung der Worte Gottes und lassen sie in der Gewissheit des Glaubens leben. Sie ermutigen sie, ihren Glauben zu bekennen, ihn als die Quelle des Lebens und der Kraft in persönliches Tun einzupflanzen, ihn voll Vertrauen, Zuversicht und Mut zu erleben, damit er ihren Lebensstil formt und vom Reich Gottes Zeugnis gibt.[83] Als Verkünder und authentische Zeugen des Glaubens und des Evangeliums haben sie die Pflicht, Christus ständig neue Jünger zuzuführen und auf ihn mit Wort und dem Zeugnis des eigenen Lebens hinzuweisen.[84]

Das Zweite Vatikanische Konzil weist die Bischöfe an, bei der Erfüllung ihrer Aufgabe zu lehren in der Kraft des Geistes die Menschen zum Glauben zu rufen oder im lebendigen Glauben zu stärken, ihnen das Geheimnis Christi unverkürzt vorzulegen, das heißt „jene Wahrheiten nämlich, deren Unkenntnis gleichbedeutend ist mit der Unkenntnis Christi".[85] Die Bischöfe sollen auch die Gläubigen lehren, den Glauben zu verteidigen und auszubreiten.[86] In der Lehre der Bischöfe sollen die Gläubigen Unterstützung und Schutz vor den Irrtümern in Sachen des Glaubens und der christlichen Sittlichkeit finden.

Im Mittelpunkt des bischöflichen Dienstes steht die lebendige Verkündigung Christi, seines Lebens und seines Heilswerks. Ihr Ziel ist es, die Wege und Methoden des Heils sowie die Erfüllung des göttlichen Plans in der Geschichte der Menschheit und im Leben eines jeden Menschen zu zeigen. Jede Rede des Bischofs

---

[83] Vgl. GS 9; vgl. auch Paul VI.: Pewność wiary. Generalaudienz vom 27. Oktober 1965. In: ders.: Trwajcie mocni w wierze, a.a.O. S. 42; Paul VI.: Pełnia i nienaruszalność wiary. Generalaudienz vom 14. Juni 1967. In: ders.: Trwajcie mocni w wierze, a.a.O., S. 48.

[84] Vgl. AG 20; AG 23; LG 25; GS 76; SC 9.

[85] CD 12.

[86] Vgl. CD 13.

soll also der Verkündigung des Evangeliums und der Aktualisierung des Glaubens in Bezug auf menschliche Erfahrungen und Bedürfnisse dienen. Die persönliche Überzeugung und die Kraft der Verkündigung des Wortes Gottes sind die Früchte des Wirkens des Heiligen Geistes, dank dem der Verkünder des Evangeliums direkt zum Diener des Glaubens wird.[87]

Das Dekret über die Hirtenaufgabe der Bischöfe in der Kirche sagt erneut: „Ihrer apostolischen Aufgabe sollen sich die Bischöfe zuwenden als Zeugen Christi vor allen Menschen. Sie sollen sich nicht bloß um die kümmern, die schon dem obersten Hirten nachfolgen, sondern sich mit ganzem Herzen auch jenen widmen, die irgendwie vom Weg der Wahrheit abgewichen sind oder die Frohbotschaft Christi und sein heilbringendes Erbarmen nicht kennen".[88] Der Bischof soll also aus der Fülle des Glaubens leben, stark im Glauben und offen für die Bedürfnisse des ganzen Volkes Gottes sein. Die Materie der bischöflichen Lehre ist es, die Existenz aller wirklich menschlichen Werte im Evangelium und in der Lehre der Kirche zu zeigen. Alle Bemühungen des Hirten werden fruchtbar dank der Universalität seiner Sendung und der daraus im Bereich des Glaubens resultierenden Konkretisierung seiner Aufgaben, sowie dank der Treue, des Glaubens und des Gebets des Volkes.[89]

Bei der Erfüllung ihres Dienstes haben die Bischöfe Priester zur Aushilfe. So wie die Bischöfe ein Kollegium mit dem Papst an der Spitze bilden, bilden auch die Priester das sogenannte Priesterkollegium, dessen Oberhaupt der Bischof ist. Kraft der Jurisdiktionsmacht und des Priestersakraments sind sie nicht nur Untergebene, sondern vor allem Mitarbeiter des Bischofs.[90] Ge-

[87] Vgl. A. L. Szafrański: Kairologia, a.a.O., S. 211.
[88] CD 11.
[89] Vgl. A. L. Szafrański: Kairologia, a.a.O., S. 211-212.
[90] Vgl. CD 28; LG 28; PO 2; PO 4; PO 12.

meinsam mit ihm realisieren sie die ihnen von Christus aufgetragene apostolische Sendung.[91]

Die apostolische Haltung derer, die im Volke Gottes mit der Priesterweihe beschenkt sind, hat ihre Eigenart, deren Wurzeln man gerade in diesem Sakrament suchen muss: „Die Geistesgabe, die den Priestern in ihrer Weihe verliehen wurde, rüstet sie nicht für irgendeine begrenzte und eingeschränkte Sendung, sondern für die alles umfassende und universale Heilssendung „bis an die Grenzen der Erde" (Apg 1, 8), denn jeder priesterliche Dienst hat teil an der weltweiten Sendung, die Christus den Aposteln aufgetragen hat".[92]

Das konziliare Dekret über Dienst und Leben der Priester betont, dass die Priester für ihren Teil am Amt der Apostel teilnehmen. Deshalb wird ihnen von Gott die Gnade verliehen, „Diener Jesu Christi unter den Völkern zu sein, die das heilige Amt des Evangeliums verwalten, damit die Völker eine wohlgefällige und im Heiligen Geist geheiligte Opfergabe werden" (vgl. Röm 15, 16).[93] Durch ihre Verkündigung des Evangeliums versammelt und stärkt sich in der Einheit das Volk Gottes, verbunden durch den Glauben an Jesus Christus, den Heiland der Welt.

Die Priester sind vor allem die Verkünder der Heilsbotschaft[94] und dadurch auch die Lehrer des Glaubens.[95] Ihre Aufgabe ist es, allen das Evangelium vom Reich Gottes zu verkünden, indem sie jeden Menschen zum Glaubensgehorsam rufen und die Gläubigen zu einer immer tieferen Kenntnis und Gemeinschaft des Geheimnisses Gottes führen, das uns in Christus geoffenbart und mitgeteilt wurde.[96]

---

91 Vgl. PO 2.
92 PO 10.
93 PO 2.
94 Vgl. GS 43.
95 Vgl. PO 13; KKK 169; CT 64.
96 Vgl. VD 80.

Damit ihre Verkündigung wirksam ist, ermuntert sie das Konzil, jeden Tag das Wort Gottes zu lesen und zu hören, sich mit Christus dem Lehrer zu verbinden und vor ihn „mit aufrichtigem Herzen in der Überzeugung des Glaubens" (Hebr 10, 22) hinzutreten.[97] Durch den Heiligen Geist geführt, sollen sie nicht vergessen, dass gerade bei der Weitergabe des Gotteswortes „der Herr es ist, der die Herzen öffnet, und dass die Tiefe nicht ihnen, sondern der Kraft Gottes entstammt".[98]

Das Dekret über Dienst und Leben der Priester unterstreicht, dass ihnen sowohl die Sachen Gottes, als auch der Menschen vertraut sein sollen. Daher ist es ihre Aufgabe, Diener Christi, aber auch Zeugen und Ausspender des göttlichen Lebens zu sein, wobei sie nicht vermöchten, den Menschen zu dienen, wenn diese und ihre Lebensverhältnisse ihnen fremd blieben.[99]

Als Seelsorger in den Pfarreien tragen sie Verantwortung für die ihnen anvertraute Herde. Weil sie Erzieher im Glauben sind, obliegt es ihnen, dafür zu sorgen, dass „jeder Gläubige im Heiligen Geist angeleitet wird zur Entfaltung seiner persönlichen Berufung nach den Grundsätzen des Evangeliums, zu aufrichtiger und tätiger Liebe"[100] sowie zu einem reineren und reiferen Glaubensleben.[101] Ihrer besonderen Sorge sind diejenigen anvertraut, die die Sakramente nicht mehr empfangen, ja vielleicht sogar vom Glauben abgefallen sind.[102]

Das Konzil schreibt vor, die geweihten Hirten „sollen die Würde und Verantwortung der Laien in der Kirche anerkennen und fördern. Sie sollen gern deren klugen Rat benutzen, ihnen vertrauensvoll Aufgaben im Dienst der Kirche übertragen und ihnen Freiheit und Raum im Handeln lassen, ihnen auch Mut machen,

97 Vgl. PO 13; PO 18; PO 22.
98 PO 13.
99 Vgl. PO 3.
100 PO 6; vgl. PO 5.
101 Vgl. GS 62.
102 Vgl. PO 9.

aus eigener Initiative Werke in Angriff zu nehmen".[103] Denn die Pflicht, die Menschen zum Glauben in der Kirche Christi zu führen, betrifft nicht nur die Bischöfe und Priester, die durch das Sakrament der Weihe auf eine besondere Weise zu Teilhabern an der dreifachen Mission Christi werden, sondern auch die gläubigen Laien, die zur Erfüllung derselben Mission vom Herrn selbst durch Taufe und Firmung bestellt werden.

Die Rolle der gläubigen Laien in der Weitergabe des Glaubens

In der apostolischen Tätigkeit der Kirche, deren Ziel es ist, allen Menschen die Heilsbotschaft zu bringen, denjenigen zu helfen, die sie annehmen, aus dieser Botschaft zu leben,[104] sowie den Glauben zu verbreiten und zu stärken, spielen die gläubigen Laien, das sogenannte Laikat, eine besondere Rolle. Das Wort „Laikat" ist ein neuer Begriff, der in der Terminologie des Konzils seinen Platz gefunden hat. Er umfasst alle an der apostolischen Mission der Kirche teilnehmenden Christen.[105] Das Apostolat ist also ein wesentliches und inhärentes Element des christlichen Lebens.[106]

Die dogmatische Konstitution über die Kirche definiert den Begriff „die gläubigen Laien" folgendermaßen: „Unter der Bezeichnung Laien sind hier alle Christgläubigen verstanden mit Ausnahme der Glieder des Weihestandes und des in der Kirche anerkannten Ordensstandes, das heißt die Christgläubigen, die, durch die Taufe Christus einverleibt, zum Volk Gottes gemacht und des priesterlichen, prophetischen und königlichen Amtes Christi auf ihre Weise

103 LG 37.
104 Vgl. M. Kowalczyk: Duch Święty w życiu i działalności Ludu Bożego, a.a.O., S. 204.
105 Vgl. Paul VI.: Współodpowiedzialność laikatu w misji Kościoła. Generalaudienz vom 11. August 1971. In: ders.: Trwajcie mocni w wierze, a.a.O., S. 274.
106 Vgl. E. Weron: Świeccy w Kościele. Paris 1970, S. 20; vgl. auch E. Weron: Laikat i apostolstwo. Paris 1973, S. 91.

teilhaftig, zu ihrem Teil die Sendung des ganzen christlichen Volkes in der Kirche und in der Welt ausüben".[107]

Ein Wesenszug der Konzilslehre über das Laikat, das die Mitverantwortung für die Heilung der Welt trägt, ist die Berufung der Laien zum Apostolat.[108] Dieser Frage widmet das Konzil voll und ganz eins von seinen Dekreten, nämlich das Dekret über das Laienapostolat, in dem unterstrichen wird, dass die christliche Berufung ihrer Natur nach auch Berufung zum Apostolat ist.[109] Alle Christen als Gemeinschaft und jeder einzelne auf seine Weise sind berufen, durch Wort und Tat Zeugnis vom Glauben zu geben (vgl. Röm 12, 3-8; 1 Kor 12, 4-31a).[110] Aus der Zugehörigkeit zur Kirche folgt die allgemeine Pflicht, den Glauben sowohl individuell, als auch gemeinschaftlich weiterzugeben.[111]

Die Laien verwirklichen ihr Apostolat in der Kirche und im Namen der Kirche.[112] Als Mitglieder des Volkes Gottes sind die *christifideles* des priesterlichen, prophetischen und königlichen Amtes Christi teilhaftig und beteiligen sich an der Verwirklichung der Heilsmission der Kirche. Zur Teilnahme an der Sendung der Kirche berechtigt und befähigt sie das Empfangen der christlichen Initiationssakramente.

Der Leitgedanke des Dekrets *Apostolicam actuositatem* ist die Einheit des Apostolats der Kirche. Es besteht darin zwar eine Verschiedenheit des Dienstes, aber eine Einheit der Sendung.[113] Sowohl die Hierarchen, als auch die Laien haben (auf verschiedene

---

107 LG 31; vgl. ChL 9; W. Przygoda: Apostolat świeckich w Polsce w czterdzieści lat po Soborze Watykańskim II. In: A. Przybecki (Hg.): Teologia praktyczna. Theologische Fakultät UAM. Bd. 7. Poznań 2006, S. 43.

108 Vgl. W. Wesoły: Kapłan i laikat w Kościele. In: S. Ropiak / M. Tunkiewicz (Hg.): Sacerdos alter Chrystus. Kapłan w życiu i posłudze Kościoła na progu trzeciego tysiąclecia. Olsztyn 2010, S. 381.

109 Vgl. AA 2.

110 Vgl. Deutsche Bischofskonferenz: Katholischer Erwachsenen-Katechismus, a.a.O., S. 44.

111 Vgl. AA 16 und 17.

112 Vgl. LG 33; ChL 14; RMis 71; vgl. auch W. Przygoda: Apostolat świeckich w Polsce w czterdzieści lat po Soborze Watykańskim II, a.a.O., S. 46.

113 Vgl. AA 2.

Weise) an dem einen Apostolat des Volkes Gottes teil. Es gibt also keine strenge Unterscheidung zwischen dem Apostolat der Hierarchie und dem der Laien.[114]

Das Konzilsdekret betont: „Das Apostolat verwirklicht sich in Glaube, Hoffnung und Liebe, die der Heilige Geist in den Herzen aller Glieder der Kirche ausgießt".[115] Ja, das Gebot der Liebe drängt alle Christen, für die Ehre Gottes, die durch das Kommen seines Reiches offenbar wird, und für das ewige Leben aller Menschen zu wirken, damit sie den einzigen wahren Gott erkennen und den, den er gesandt hat, Jesus Christus. Aus dem Gebot der Liebe ergibt sich also die Pflicht der Sorge für das ewige Heil aller Menschen.[116]

Die gläubigen Laien nehmen die Berufung des Apostolats an und sind dadurch verpflichtet, den Glauben als wahre Zeugen Christi in Wort und Tat zugleich zu verbreiten und zu verteidigen.[117] Eine besondere Rolle in ihrer Sendung spielt der Heilige Geist, der sie mit den in ihrer apostolischen Tätigkeit nötigen Charismen beschenkt.[118] Aus dem Empfang dieser Charismen erwachsen jedem Glaubenden das Recht und die Pflicht, sie in Kirche und Welt zum Wohl der Menschen und zum Aufbau der Kirche zu gebrauchen.[119]

Christus, der vom Vater gesandt wurde, ist die Quelle und der Ursprung des ganzen Apostolates der Kirche. Deshalb hängt „die Fruchtbarkeit des Apostolates der Laien von ihrer lebendigen Vereinigung mit Christus" ab.[120] Wer nämlich in Christus bleibt und in wem er bleibt, der bringt viele Frucht, denn von Christus selbst

[114] Vgl. AA 23; vgl. auch E. Weron: Świeccy w Kościele, a.a.O., S. 20.
[115] AA 3.
[116] Vgl. E. Weron: Laikat i apostolstwo, a.a.O., S. 105-106.
[117] Vgl. LG 11; vgl. auch Paul VI.: Co Kościół robi? Generalaudienz vom 27. Juli 1966. In: ders.: Trwajcie mocni w wierze, a.a.O., S. 224-225.
[118] Vgl. E. Weron: Świeccy w Kościele, a.a.O., S. 21.
[119] Vgl. AA 3.
[120] AA 4; vgl. RMis 77.

kommt die zum Wirken nötige Kraft (vgl. Joh 15, 5). Die Liebe also, die die Gläubigen mit Christus verbindet, und die Dankbarkeit für die Gnade der heiligen Taufe sollen der Motor der apostolischen Tätigkeit der Laien sein.[121]

Nach der Lehre des Konzils ist es die Sache der Laien, „kraft der ihnen eigenen Berufung in der Verwaltung und gottgemäßen Regelung der zeitlichen Dinge das Reich Gottes zu suchen. Sie leben in der Welt, das heißt in all den einzelnen irdischen Aufgaben und Werken und den normalen Verhältnissen des Familien- und Gesellschaftslebens, aus denen ihre Existenz gleichsam zusammengewoben ist. Dort sind sie von Gott gerufen, ihre eigentümliche Aufgabe, vom Geist des Evangeliums geleitet, auszuüben und so wie ein Sauerteig zur Heiligung der Welt gewissermaßen von innen her beizutragen",[122] sie mit einem christlichen Geist zu erfüllen und Zeugen Christi zu sein.[123] Auf diese Weise, vor allem durch das Zeugnis ihres Lebens, im Glanz von Glaube, Hoffnung und Liebe, machen sie Christus den anderen kund.[124] Den Menschen, die Gott suchen, enthüllen die Laien das Erbe und den Reichtum des Glaubens und zeigen ihnen den rechten Weg zur „Tür des Glaubens".[125] Darum sollen sie das starke Bedürfnis verspüren, den unveränderlichen Glauben besser zu kennen und an die zukünftigen Generationen weiterzugeben.[126]

Die Mission der Laien ist eng mit ihrem Zeugnis verbunden.[127] Sie haben die Pflicht, vor den Menschen ein wahres Zeugnis für Christus abzulegen und zu deren Heil beizutragen.[128] Ihre beson-

---

121 Vgl. E. Weron: Laikat i apostolstwo, a.a.O., S. 103.
122 LG 31; vgl. LG 34; AA 7.
123 Vgl. Paul VI.: Współodpowiedzialność laikatu w misji Kościoła, a.a.O., S. 274; vgl. auch J. Krucina: Wiara a Kościół jako wspólnota, a.a.O., S. 126-128.
124 Vgl. LG 31.
125 Vgl. Benedikt XVI.: Porta fidei, a.a.O., Nr. 7.
126 Vgl. ebd., Nr. 8.
127 Vgl. E. Klinger: Hierarchische Ämter und Laienämter. In: E. Garhammer (Hg.): Ecclesia semper reformanda. Kirchenreform als bleibende Aufgabe. Würzburg 2006, S. 181.
128 Vgl. AG 12.

dere Aufgabe ist „das Christuszeugnis, das sie durch Leben und Wort in ihrer Familie, in ihrer Gesellschaftsschicht und im Bereich ihrer Berufsarbeit geben müssen".[129]

Das Konzilsdekret sagt: „Die christlichen Eheleute sind füreinander, für ihre Kinder und die übrigen Familienangehörigen Mitarbeiter der Gnade und Zeugen des Glaubens. Ihren Kindern sind sie die ersten Künder und Erzieher des Glaubens. Durch Wort und Beispiel bilden sie diese zu einem christlichen und apostolischen Leben heran".[130] Die Eltern geben den Glauben weiter und sind auf diese Weise die ersten Religionslehrer ihrer Kinder. Vom Glauben belebt, sollen sie ihre Kinder für die Botschaft des Evangeliums sensibilisieren und ihnen ihre Rolle als Erbauer der Gerechtigkeit und des Friedens bewusst machen. Die Eltern und die Kinder müssen im Glauben wie ein Herz und eine Seele sein (vgl. Apg 4, 32).[131] Dadurch, dass die christliche Familie das Wort Gottes annimmt und weitergibt, wird sie von Tag zu Tag mehr zu einer gläubigen und verkündenden Gemeinschaft.[132] Besonders in einer christlichen Familie, die mit der Gnade und dem Auftrag des Ehesakramentes bereichert ist, sollte man den Kindern von den frühesten Jahren an helfen, gemäß dem in der Taufe empfangenen Glauben Gott zu erkennen und zu verehren. Von Anfang an sollen die Eltern ihre Kinder zu einem persönlichen Gespräch mit Gott hinführen, der ein liebender und fürsorglicher Vater ist.[133]

Ihren Anteil an der apostolischen Tätigkeit haben auch die Jugendlichen. Nach ihren Kräften sind sie richtige Zeugen Christi

---

[129] AG 21.
[130] AA 11; vgl. A. Zuberbier: Wierzę, a.a.O., S. 262; vgl. auch E. Weron: Laikat i apostolstwo, a.a.O., S. 197-198.
[131] Vgl. FC 50.
[132] Vgl. FC 51.
[133] Vgl. Z. Kubik: Rola rodziców w wychowaniu religijnym dziecka w świetle wybranych dokumentów Kościoła. Elektronisch veröffentlicht unter: http://www.sp2.rabka.pl/publikacje/siostra/rolarodz.doc.

unter ihren Altersgenossen. Den Empfehlungen des Konzils gemäß müssen sie selbst „die ersten und unmittelbaren Apostel der Jugend werden und in eigener Verantwortung unter ihresgleichen apostolisch wirken, immer unter Berücksichtigung des sozialen Milieus, in dem sie leben".[134] Die Erwachsenen sollen die Jugend zunächst durch ihr Beispiel und bei gegebener Gelegenheit auch durch klugen Rat und tatkräftige Hilfe zum Apostolat anregen.[135]

Das Apostolat der Laien im sozialen Milieu beruht dem Konzilsdekret nach auf dem Bemühen, Mentalität und Sitten, Gesetze und Strukturen der eigenen Gemeinschaft im christlichen Geist zu gestalten. Im Bereich der Arbeit, des Berufes, des Studiums, der Wohnstätte, der Freizeit oder des kameradschaftlichen Zusammenseins ergänzen sie das Zeugnis des Lebens durch das Zeugnis des Wortes und sind imstande, ihre Brüder im Glauben zu unterstützen.[136] Durch solch eine Haltung veranlassen sie die anderen dazu, das Wahre und das Gute zu lieben, und letztendlich zu Christus und zur Kirche zu kommen.[137] „Durch eine brüderliche Liebe, die sie am Leben, Arbeiten, Leiden und Sehnen ihrer Brüder teilnehmen lässt" bereiten sie „die Herzen aller allmählich und unaufdringlich für das Wirken der Heilsgnade" vor.[138] Ihre christliche Art, nach dem Geist des Evangeliums zu handeln, durchdringt allmählich das ganze Lebens- und Arbeitsmilieu.[139]

Das Zeugnis der Laien ist die Weitergabe der christlichen Botschaft. Diese Weitergabe vollzieht sich zum Beispiel durch das Wort, die Tat, durch das tägliche Leben und das Opfer für die Wahrheit. Dieses Zeugnis ist die Frucht des Verbundenseins mit Christus, des

---

134 AA 12.
135 Vgl. ebd.
136 Vgl. AA 13.
137 Vgl. R. Hajduk: Wierni świeccy w ewangelizacji kultury. Zasady i pola działania. In: Studia Elbląskie, 2012, Bd. XIII, S. 227-244, hier S. 237-241.
138 AA 13.
139 Vgl. ebd.

Ausharrens bei seinem Wort und des Lebens in seiner Gnade.[140] Das Ziel dieses Zeugnisses ist es, den Glauben zu erwecken, denn jeder Zeuge ist ein Träger des Glaubens.[141] Das Zeugnis des Christen dient der der Welt von Christus geoffenbarten Wahrheit und wird als Heilserbe weitergegeben. Der Christ ist ein Zeuge dessen, was die Kirche lehrt, was der Heilige Geist ihn annehmen lässt und was er erfahren und erleben kann. Deshalb kann zwischen dem Zeugnis des eigenen Lebens, dem Zeugnis des Glaubens und dem Zeugnis des Evangeliums unterschieden werden.[142]

Zeuge Christi zu sein, ist eine außerordentliche Berufung des Christen.[143] Die Sorge der Laien soll die Verkündigung Jesu Christi und der Frohbotschaft über das Heil für alle Menschen bilden. Auf diese Weise durchdringen und verwandeln die Laien die menschliche Gemeinschaft mit dem Geist des Evangeliums.[144]

Das mit der Weitergabe des Glaubens verbundene Apostolat der Laien wurzelt in der Taufe und in der Firmung. Jeder, der durch die Taufe dem mystischen Leib Christi eingegliedert und durch die Firmung mit der Kraft des Heiligen Geistes gestärkt worden ist, wird vom Herrn selbst mit dem Apostolat betraut.[145] Durch die heilige Taufe werden die Menschen in die Kirche Christi eingegliedert, und durch die Kirche bekommen sie von Gott die Gnade des Glaubens.[146] Dank dem erhaltenen Glauben haben sie die Möglichkeit, Zeugen und Bekenner Christi zu sein.[147]

[140] Vgl. Paul VI.: Znaczenie i wartość świadectwa. Generalaudienz vom 10. Januar 1968. In: ders.: Trwajcie mocni w wierze. Bd. 2, a.a.O., S. 394.

[141] Vgl. LG 10; AG 21.

[142] Vgl. VD 98.

[143] Vgl. Paul VI.: Znaczenie i wartość świadectwa, a.a.O., S. 396.

[144] Vgl. Paul VI.: Trzy wymiary laikatu. Ansprache vom 20. März 1970 an die Teilnehmer an der VIII. Vollversammlung des „Consilium de Laicis". In: ders.: Trwajcie mocni w wierze. Bd. 2, a.a.O., S. 282.

[145] Vgl. AA 3.

[146] Vgl. AG 21; LG 11; vgl. auch J. Sieg: Wiara Kościoła obecnego w świecie, a.a.O., S. 57; B. Brzuszek: Apostolskie funkcje wiernych. In: Powołanie do apostolstwa. Warszawa – Poznań 1975, S. 318-319.

[147] Vgl. UR 21 und 22.

Der Glaube des Christen soll sich nicht nur in der Tiefe des menschlichen Herzens entwickeln, sondern sich auch nach außen zeigen. Er soll ein Beispiel sein und andere zur Umkehr anregen. Das wirklich wahre christliche Leben ist das erste und wesentlichste Zeugnis, das ein Christ – mit möglichst vollem Bewusstsein und möglichst entschieden – geben soll.[148] Mit eigenem Leben Zeugnis für Christus zu geben, bedeutet vor allem, treu bei seinem Wort und in seiner Kirche auszuharren. Das erfordert wiederum einen starken Glauben. Das Zeugnis verlangt eine entschiedene Wahl Christi. Ob jemand ein Christ ist, muss an seiner Lebensweise erkennbar sein. Solch eine Art des apostolischen Vorbilds ist allen zugänglich.

Im Sakrament der Firmung werden die Christen durch den Heiligen Geist gestärkt, reif und verantwortlich für das Leben aus dem Glauben – das eigene und das der anderen. Als Bekenner Christi sind sie verpflichtet, das erhaltene Depositum des Glaubens zu bewahren und zu vertiefen. Dank der Leitung und Gefolgschaft des Heiligen Geistes können sie sich in den Inhalt der Offenbarung vertiefen und sie besser verstehen.[149] Dadurch, dass sie die Offenbarung kennen lernen, sich mit dem Wort Gottes nähren[150] und die heiligen Sakramente empfangen,[151] können sie den Sinn ihres christlichen Lebens, ihre Rolle als Christen und ihre aus der Zugehörigkeit zur Kirche resultierenden Pflichten entdecken und sie immer besser erkennen.

Durch die Taufe Christus einverleibt und zum Volk Gottes gemacht, sind die Laien auf ihre Weise des priesterlichen, prophetischen und königlichen Amtes Christi teilhaftig. Sie haben ihren eigenen Anteil an der Sendung des ganzen Volkes Gottes in der

148 Vgl. Paul VI.: Obowiązek dawania świadectwa swojej wierze, a.a.O., S. 72.
149 Vgl. LG 12; vgl. auch B. Brzuszek: Apostolskie funkcje wiernych, a.a.O., S. 310-311.
150 Vgl. LG 5; UR 23.
151 Vgl. GS 38.

Kirche und in der Welt.[152] Es geht hier um die Teilhabe an dreifachem Amt und dreifacher Aufgabe: zu lehren, zu heiligen und zu leiten. Durch ihr apostolisches Engagement bemühen sich die Laien um die Evangelisierung und Heiligung der Menschen, um die Durchdringung und Vervollkommnung der zeitlichen Ordnung mit dem Geist des Evangeliums. So legt ihr Tun für Christus Zeugnis ab und dient dem Heil der Menschen.[153]

Dadurch, dass die gläubigen Laien eine prophetische Aufgabe erfüllen, nimmt die Kirche den Heilsdialog mit denjenigen auf, die Christus noch nicht kennen. Es ist die Gelegenheit, außer dem Zeugnis des Lebens auch das Zeugnis des Wortes zu geben.[154] Das gilt für solche Situationen, in denen das Schweigen mit der Verleugnung des Glaubens gleichbedeutend wäre und in denen die offene Verkündigung des Evangeliums dem ewigen Heil der Nächsten dient.[155]

Als Zeugen des Wortes können die Laien am autoritativen Lehren der Hierarchie teilnehmen. Es kann ihnen auch als Professoren, Religionslehrern o.ä. die kanonische Mission erteilt werden. Sie können ebenfalls als Berater zur Teilnahme an Konzilen und Synoden eingeladen werden, den Glauben als Schriftsteller, Wissenschaftler und Publizisten weitergeben, sogar geistige Konferenzen leiten und dadurch andere Menschen ermahnen. Die gläubigen Laien können die Botschaft des Evangeliums auch durch die Massenmedien verkündigen, vor allem durch das Internet, wo das Antlitz Christi auch sichtbar werden und seine Stimme zu hören sein sollte.[156]

---

152 Vgl. W. Przygoda: Apostolat świeckich w Polsce w czterdzieści lat po Soborze Watykańskim II, a.a.O., S. 43.

153 Vgl. AA 2.

154 Vgl. AA 16; VD 98.

155 Vgl. LG 35; vgl. auch W. Przygoda: Apostolat świeckich w Polsce w czterdzieści lat po Soborze Watykańskim II, a.a.O., S. 46.

156 Vgl. VD 113.

In seinem nachsynodalen apostolischen Schreiben *Verbum Domini* ruft Benedikt XVI. die Gläubigen auf, sich noch aktiver für die Neuevangelisierung einzusetzen und ihr alle Kräfte zu opfern. Der Papst stellt fest, dass immer neue, eifrige Verkündiger und Zeugen des Evangeliums gebraucht werden.[157] Die Botschaft des Evangeliums soll allen Menschen gebracht werden, auch jenen, die sich von der Kirche entfernt, den Glauben aufgegeben oder die Verkündigung des Heils nie vernommen haben.[158]

Die Laien legen durch das Wort Zeugnis für ihren Glauben ab, auch wenn sie während der heiligen Messe feierlich das Credo sprechen und sich offen zu Jesus in ihrem privaten (vor allem in der Familie), aber auch in ihrem gesellschaftlichen und beruflichen Leben bekennen. Sie sollen ebenfalls allen Menschen gegenüber, überall und in jeder Zeit den Glauben bezeugen,[159] denn jeder Gläubige ist verpflichtet, in allen Situationen und Verhältnissen des Lebens für Christus sein persönliches Zeugnis abzulegen.[160] Die höchste Form, den Glauben und die Zugehörigkeit zu Christus zu bezeugen, ist das Martyrium, das heißt die Hingabe des eigenen Lebens aus Liebe zu Christus, woran der Papst Benedikt XVI. in seinem apostolischen Schreiben *Porta fidei* erinnert.[161]

Um wirksam zu sein, braucht das Apostolat der Laien eine vielfältige und umfassende Bildung.[162] Die Gläubigen bereiten sich geistlich auf die Erfüllung der Sendung Christi und der Kirche vor, indem sie, vom Heiligen Geist gedrängt, aus dem Glauben im göttlichen Mysterium der Schöpfung und Erlösung leben. Der lebendige Glaube lässt die Menschen zu ihrer eigenen Heiligung

157 Vgl. VD 122.
158 Vgl. VD 124.
159 Vgl. B. Brzuszek: Apostolskie funkcje wiernych, a.a.O., S. 312-313; vgl. auch A. Zuberbier: Wierzę, a.a.O., S. 266.
160 Vgl. AA 2; vgl. auch E. Weron: Świeccy w Kościele, a.a.O., S. 20.
161 Vgl. Benedikt XVI.: Porta fidei, a.a.O., Nr. 4.
162 Vgl. AA 28.

bewusster mit Gott mitarbeiten und soll eine dynamische Kraft sein, die ihre Stärke aus dem Heiligen Geist schöpft, der „das Volk Gottes belebt und alle Menschen bewegt, Gott den Vater zu lieben und Welt und Menschen in ihm".[163] Außer der geistlichen Bildung ist in manchen Situationen auch eine gründliche theoretische Unterweisung erforderlich, und zwar eine theologische, ethische oder philosophische.[164]

Die Vorbereitung der Kinder und Jugendlichen zum Apostolat findet in der Familie statt. Die Eltern haben die Pflicht, ihren Kindern zu helfen, die Liebe Gottes gegen alle Menschen immer mehr zu erkennen, und sie zu lehren, sich um die materiellen und geistigen Nöte ihrer Nächsten zu kümmern. Die ganze Familie und das gemeinsame Leben ihrer Mitglieder sollen also eine Schule des Apostolates werden.[165]

Die Christen sind auch des priesterlichen Amtes Christi teilhaftig, und das bedeutet, sie verehren Gott durch den Empfang der Sakramente und die alltägliche Hingabe des eigenen Lebens. Die Sakramente setzen den Glauben nicht nur voraus, sondern nähren ihn auch, stärken ihn und zeigen ihn an. Durch sie verleiht Gott den Menschen Gnade, und ihre Feier befähigt die Gläubigen in hohem Maße, „diese Gnade mit Frucht zu empfangen, Gott recht zu verehren und die Liebe zu üben".[166]

Dadurch, dass die gläubigen Laien durch die Sakramente der Kirche an der Priesterschaft Christi teilhaben, streben sie nach Heiligkeit, bilden den mystischen Leib Christi und verehren Gott. Durch die Taufe werden sie verpflichtet, den von Gott durch die Kirche empfangenen Glauben vor den Menschen zu bekennen. Durch das Sakrament der Firmung werden sie vollkom-

[163] AA 29.
[164] Vgl. ebd.
[165] Vgl. AA 30.
[166] SC 59.

mener der Kirche verbunden und mit einer besonderen Kraft des Heiligen Geistes ausgestattet. So sind sie in strengerer Weise verpflichtet, den Glauben als wahre Zeugen Christi in Wort und Tat zu verbreiten und zu verteidigen. In der Teilnahme am eucharistischen Opfer, der Quelle und dem Höhepunkt des ganzen christlichen Lebens, bringen sie das göttliche Opferlamm Gott dar und sich selbst mit ihm. Durch das Sakrament der Buße erhalten sie für ihre Gott zugefügten Beleidigungen von seiner Barmherzigkeit Verzeihung und werden zugleich mit der Kirche versöhnt, die sie durch die Sünde verwundet haben. Kraft des Sakramentes der Ehe fördern sich die christlichen Gatten gegenseitig zur Heiligung durch das eheliche Leben sowie in der Annahme und Erziehung der Kinder.[167]

Der christliche Glaube soll durch die Liturgie, die Katechese und die Caritas weitergegeben werden. Er muss aber auch bekannt, gefeiert, gelebt und gebetet werden.[168] Durch die Vereinigung mit Christus – dem höchsten Priester – werden die Gläubigen zu solch einem Leben befähigt, das ein geistliches Opfer an Gott, das heißt ein Zeugnis des Glaubens ist, der nach dem Vorbild des Sohnes Gottes zum Gehorsam gegenüber dem Willen des himmlischen Vaters wird.[169]

Aufgrund ihrer Zugehörigkeit zu Christus, dem Herrn und König des Universums, nehmen die Laien an seinem königlichen Amt teil und sind durch ihn zum Dienst am Reiche Gottes und zu seiner Ausbreitung in der Welt berufen. Das christliche Königtum schließt einen geistlichen Kampf ein, dessen Ziel es ist, in sich selbst die Herrschaft der Sünde zu besiegen. Die katholischen Laien sind auch gerufen, durch Liebe und Dienst der Schöpfung ih-

---

167 Vgl. LG 11.
168 Vgl. Bischofssynode, XIII. Ordentliche Vollversammlung: *Instrumentum laboris*, a.a.O., Nr. 17.
169 Vgl. LG 34; ChL 14.

ren ursprünglichen Wert zurückzuverleihen, und die menschliche Kultur mit christlichen Werten zu durchdringen.[170] Das Zeugnis Christi verpflichtet die Katholiken, sich für den Aufbau der Zivilisation der Liebe einzusetzen. Durch ihr Gebet, ihren Lebensstil, ihre brüderliche Ermahnung und karitative Tätigkeit führen die Katholiken andere Menschen zur Vereinigung mit Christus in der Kirche – zum Glauben also. Das Zeugnis der Liebe und der Brüderlichkeit bildet eine wichtige Dimension des Laienapostolates, denn es ist eine Form, die zeitliche Ordnung mit dem Geist Christi zu durchdringen.[171]

Das Zweite Vatikanische Konzil sowie die nachkonziliare Lehre der Kirche geben eine ausführliche Antwort auf die Frage, was es heißt, ein gläubiger Christ in der Kirche und in der Welt von heute zu sein. In den Dokumenten wird nicht nur der Plan einer äußeren Erneuerung der sich auf neue Strukturen stützenden Kirche skizziert, sondern auch eine Vision des authentischen Lebens aus dem Glauben präsentiert.

Um den in der Taufe als ein Geschenk Gottes erhaltenen Glauben weitergeben zu können, muss man zuerst selbst aus diesem Glauben leben. Das aus dem Glauben resultierende Leben ist ein authentisches und glaubwürdiges Zeugnis für die Gegenwart Gottes unter den Menschen, das die anderen von seiner Existenz überzeugen und auf den Weg des Glaubens und somit in die Vereinigung mit ihm führen kann.

Die Weitergabe des Glaubens vollzieht sich durch die Verkündigung des Wortes Gottes, das die Kraft zum Heil ist und den Menschen den Weg zu Gott und zum Glauben öffnet, aber auch durch das Beispiel des eigenen Lebens, das sich auf das Evangelium stützt und vor allem aus dem Gebot der Gottes- und Näch-

170 Vgl. R. Hajduk: Wierni świeccy w ewangelizacji kultury, a.a.O., S. 233-236.
171 Vgl. AA 2; ChL 14.

stenliebe entspringt. Der Weitergabe des Glaubens dient auch die Vollbringung guter Taten, durch die die Menschen Gott im Himmel loben können. Eine sehr wichtige Rolle spielt dabei das Gebet, das Gott den Weg zu den menschlichen Herzen ebnet, sie verwandelt und zur Quelle des Lebens, das heißt zu Gott selbst zieht.

Die Weitergabe des Glaubens ist also eine der wichtigsten Aufgaben der Kirche in der Welt von heute. Deshalb sind alle, die durch das Sakrament der Taufe in die Kirche eingegliedert wurden, sowohl für ihren eigenen Glauben, als auch für seine Weitergabe an die anderen Menschen verantwortlich, damit auch diese zur Erkenntnis Gottes gelangen und an ihn glauben können.

Schluss

Die Heilige Schrift sowie alle gesamtkirchlichen Konzile, darunter besonders das Zweite Vatikanische Konzil, übermitteln der Welt die wichtigste Wahrheit, dass Gott alle Menschen mit seinem Heil beschenken will. Sein Wille ist es, jeden Menschen in Christus zur Fülle des Lebens zu führen. Die kostbarste Gabe Gottes, die den Eintritt in die übernatürliche Wirklichkeit der Heiligen Dreifaltigkeit und in die Kirche – dieses Sakrament des Heils – ermöglicht, ist der Glaube. Um Anteil am göttlichen Leben haben zu können, muss man die Einladung Gottes zum Leben in einer engen Beziehung mit ihm und zur Teilnahme an der Heilsgemeinschaft annehmen. Dazu ist die Gnade des Glaubens erforderlich, die der Mensch durch das Wirken des Heiligen Geistes bekommt.

Die Apostel Christi, genauso wie die späteren Bekenner der Frohbotschaft vom Heil, haben die Fülle ihres Glaubens erst allmählich erreicht. Ihr Glaube wurde nach und nach durch die Teilnahme am Heilswerk Jesu Christi und durch die treue Erfüllung seiner Gebote gestärkt. Der entscheidende Moment in der Festigung der Tugend des Glaubens war für sie die Begegnung mit dem auferstandenen Herrn, den sie seither allen Völkern unerschrocken verkündeten.

Die Nachfolger der Apostel – die Bischöfe und Priester – setzten das Heilswerk Christi fort. Sie stärken das Reich Gottes durch das Lehren und die Ausübung ihrer pastoralen Macht. Sie führen die Menschen zum Glauben, indem sie ihnen den Reichtum der in Christus geoffenbarten göttlichen Wahrheit zeigen. Das mit der Weitergabe des Glaubens verbundene Apostolat betrifft aber auch die gläubigen Laien, die aus dem erhaltenen und vertieften Glauben leben und dadurch von ihm vor der Welt Zeugnis ablegen und die anderen zu Christus hinziehen.

Damit der Glaube wirklich lebendig und dynamisch sein kann, muss der Mensch zuerst persönlich Christus wählen und ihn zu seinem Herrn erklären. Dank dem Mitwirken mit der Gnade Gottes kann der Christ eine Entscheidung treffen, deren Folge ein wahres Leben nach dem Evangelium ist. Die Ablehnung des Glaubens bedeutet dagegen die Zerstörung der Beziehung zu Gott und das Leben ohne ihn.

Wenn man das Thema des Glaubens in den Dokumenten des Konzils analysiert, bemerkt man, dass es da in Bezug auf vielfältige Erscheinungen und Bedingungen der modernen Welt dargestellt wird. Die Frage des Glaubens verbindet sich eng mit dem persönlichen Verhältnis des Menschen Gott gegenüber, das nicht immer richtig ist und dessen Folgen bis in das ewige Heil oder die ewige Verdammnis des Menschen reichen. Darum besteht die Notwendigkeit, über dieses Problem ständig zu reflektieren und es systematisch zu erforschen. Die vorliegende Arbeit leistet einen bescheidenen Beitrag in dieser Hinsicht dadurch, dass sie versucht, an die Lehre des Zweiten Vatikanischen Konzils und der nachkonziliaren Kirche über die Bedeutsamkeit des Glaubens im Leben eines jeden Menschen und die Notwendigkeit der Annahme der göttlichen Gabe des Heils zu erinnern.

Der Stimme des letzten Konzils folgend, wurde unterstrichen, dass man den Glauben als das Geschenk Gottes in der Kirche erhalten kann. Es wurde auch aufgezeigt, dass dieses Geschenk eine persönliche Antwort seitens des Menschen erfordert, von dem die weitere Entwicklung seines christlichen Lebens abhängt. Des Weiteren wurde hervorgehoben, dass die Kirche immer wieder vor die wichtige und verantwortungsvolle Aufgabe gestellt wird, den Glauben an Christus in allen Ecken der Welt weiterzugeben und zu festigen, heutzutage vor allem dort, wo selbst die Getauften so leben, als ob es Gott nicht gäbe. Es muss eine sehr dringende Sache sein, wenn Papst Benedikt XVI. das Jahr des Glaubens (vom 11. Oktober 2012 bis zum 24. November 2013) in der universalen Kirche ausgerufen hat.

Für das Leben der Kirche ist es sehr wichtig, die Lehre des letzten Konzils richtig zu interpretieren und treu in die Tat umzusetzen. Wie Benedikt XVI. in seiner Predigt während der Messe zur Eröffnung des Jahrs des Glaubens in Rom am 11. Oktober 2012 erklärte, hat sich das Konzil, was den Gegenstand des Glaubens betrifft, nichts Neues ausgedacht, noch hat es Altes ersetzen wollen. Es hat sich vielmehr darum bemüht, dafür zu sorgen, dass derselbe Glaube heutzutage weiter gelebt werde, dass er in einer sich verändernden Welt weiterhin ein gelebter Glaube sei. Der Papst unterstrich, die Konzilsväter wollten den Glauben wieder wirkungsvoll präsentieren und öffneten sich zuversichtlich dem Dialog mit der modernen Welt.[1]

Die Erneuerung des Glaubens muss daher für die ganze Kirche in unseren Tagen Vorrang haben. Eine besonders wichtige Sache scheint dabei die innere Erneuerung der Kirche zu sein, damit die Gläubigen, durch die Wahrheit Christi gestärkt, für die Welt zu einem lesbaren Zeichen der Gegenwart des auferstandenen Christus unter den Menschen werden. Dazu soll den Christen das Jahr des Glaubens verhelfen, das ausgerufen worden ist, damit durch

[1] Vgl. Benedikt XVI.: Eine Pilgerreise durch die Wüsten der heutigen Welt. Predigt während der Messe zur Eröffnung des Jahrs des Glaubens in Rom am 11. Oktober 2012. In: L'Osservatore Romano, 12. Oktober 2012.

die enge Zusammenarbeit aller Glieder der Kirche Gott wieder in dieser Welt gegenwärtig gemacht und den Menschen der Zugang zum Glauben und zum Vertrauen zu jenem Gott eröffnet wird, der uns in seinem Sohn seine Liebe bis zur Vollendung erwiesen hat (vgl. Joh 13, 1).[2]

Wegen des großen Umfangs und der Komplexität des aufgenommenen Themas wurden in der vorliegenden Arbeit viele mit dem Glauben verbundene Aspekte nicht berücksichtigt, darunter zum Beispiel sein sehr wichtiger ökumenischer Aspekt, die Frage der Beziehung zwischen dem Wissen und dem Glauben oder das Problem der Synthese zwischen dem Glauben und der modernen Kultur, auf die die Kirche in ihrer Lehre oft aufmerksam macht. Diese und andere mit dem Glauben zusammenhängenden Probleme verdienen es, eingehender und ausführlicher analysiert und bearbeitet zu werden. In Anbetracht der Aktualität und Wichtigkeit des Themas wird diese Aufgabe gewiss immer wieder neu ergriffen.

---

2 Vgl. Benedikt XVI.: Ansprache an die Teilnehmer der Vollversammlung der Kongregation für die Glaubenslehre, 27. Januar 2012.

BIBLIOGRAPHIE

I. PRIMÄRLITERATUR[1]

A. Dokumente des Zweiten Vatikanischen Konzils

Dekret Ad gentes über die Missionstätigkeit der Kirche, Rom 7. Dezember 1965.

Dekret Apostolicam actuositatem über das Laienapostolat, Rom 18. November 1965.

Dekret Christus Dominus über die Hirtenaufgabe der Bischöfe, Rom 28. Oktober 1965.

Dekret Presbyterorum ordinis über Dienst und Leben der Priester, Rom 7. Dezember 1965.

Dekret Unitatis redintegratio über den Ökumenismus, Rom 21. November 1965.

Dogmatische Konstitution Dei verbum über die göttliche Offenbarung, Rom 18. November 1965.

Dogmatische Konstitution Lumen gentium über die Kirche, Rom 21. November 1964.

Erklärung Dignitatis humanae über die Religionsfreiheit, Rom 7. Dezember 1965.

Erklärung Gravissimum educationis über die christliche Erziehung, Rom 28. Oktober 1965.

[1] Alle Dokumente des Zweiten Vatikanischen Konzils sowie der Päpste sind elektronisch auf der offiziellen Homepage des Heiligen Stuhls veröffentlicht unter: http://www.vatican.va und wurden in dem vorliegenden Buch nach diesen elektronischen Versionen zitiert.

Erklärung Nostra aetate über das Verhältnis der Kirche zu den nichtchristlichen Religionen, Rom 28. Oktober 1965.

Konstitution über die heilige Liturgie Sacrosanctum Concilium, Rom 4. Dezember 1963.

Pastorale Konstitution Gaudium et spes über die Kirche in der Welt von heute, Rom 5. Dezember 1965.

B. Andere Dokumente

Benedikt XVI.: Apostolisches Schreiben in Form eines Motu Proprio Porta fidei, Rom 11. Oktober 2011.

Benedikt XVI.: Eine Pilgerreise durch die Wüsten der heutigen Welt. Predigt während der Messe zur Eröffnung des Jahrs des Glaubens in Rom am 11. Oktober 2012.

Benedikt XVI.: Enzyklika Deus caritas est über die christliche Liebe, Rom 25. Dezember 2005.

Benedikt XVI.: Enzyklika Spe salvi über die christliche Hoffnung, Rom 30. November 2007.

Benedikt XVI.: La nuova evangelizzazione è iniziata con il concilio Vaticano II, in: L'Osservatore Romano, it. Ausgabe, Roma 21. September 2012, S. 8.

Benedikt XVI.: Nachsynodales apostolisches Schreiben Verbum Domini über das Wort Gottes im Leben und in der Sendung der Kirche, Rom 30. September 2010.

Bischofssynode, XIII. Ordentliche Vollversammlung: Die neue Evangelisierung für die Weitergabe des christlichen Glaubens: Lineamenta, Rom 2. Februar 2011, Libreria Editrice Vaticana 2011.

Bischofssynode, XIII. Ordentliche Vollversammlung: Instrumentum laboris. Rom 27. Mai 2012. Libreria Editrice Vaticana 2012.

Johannes Paul II.: Apostolische Konstitution Fidei depositum, Rom 11. Oktober 1992.

Johannes Paul II.: Apostolisches Schreiben Catechesi tradendae über die Katechese in unserer Zeit, Rom 16. Oktober 1979.

Johannes Paul II.: Apostolisches Schreiben Ecclesia in Europa zum Thema „Jesus Christus, der in seiner Kirche lebt – Quelle der Hoffnung für Europa", Rom 28. Juni 2003.

Johannes Paul II.: Apostolisches Schreiben Familiaris consortio über die Aufgaben der christlichen Familie in der Welt von heute, Rom 22. November 1981.

Johannes Paul II.: Enzyklika Dominum et Vivificantem über den Heiligen Geist im Leben der Kirche und der Welt, Rom 18. Mai 1986.

Johannes Paul II.: Enzyklika Fides et ratio über das Verhältnis von Glaube und Vernunft, Rom 14. September 1998.

Johannes Paul II.: Enzyklika Redemptoris missio über die fortdauernde Gültigkeit des missionarischen Auftrages, Rom 7. Dezember 1990.

Johannes Paul II.: Nachsynodales apostolisches Schreiben Christifideles laici über die Berufung und Sendung der Laien in Kirche und Welt, Rom 30. Dezember 1988.

Johannes Paul II.: Nachsynodales apostolisches Schreiben Pastores gregis zum Thema „Der Bischof – Diener des Evangeliums Jesu Christi für die Hoffnung der Welt", Rom 16. Oktober 2003.

Kongregation für die Glaubenslehre: Erklärung Dominus Iesus über die Einzigkeit und die Heilsuniversalität Jesu Christi und der Kirche. Rom 6. August 2000.

Kongregation für die Glaubenslehre: Note mit pastoralen Hinweisen zum Jahr des Glaubens, Rom 6. Januar 2012.

Kongregation für die Glaubenslehre: Katechismus der Katholischen Kirche, Rom 11. Oktober 1992, Neuübersetzung Aufgrund der Editio Typica Latina, München [u.a.]: Oldenbourg [u.a.] 2003.

Paul VI.: Apostolisches Schreiben Evangelii nuntiandi über die Evangelisierung in der Welt von heute, Rom 8. Dezember 1975.

Paul VI.: Credo des Volkes Gottes – Feierliches Glaubensbekenntnis vom 30. Juni 1968.

Paul VI.: Enzyklika Ecclesiam suam über die Kirche, ihre Erneuerung und ihre Sendung in der Welt, Rom 6. August 1964.

II. SEKUNDÄRLITERATUR

Bargieł, F.: Niektóre źródła współczesnego ateizmu. In: F. Adamski: Socjologia religii. Verlag WAM. Kraków 1984, S. 481-506.

Brzuszek, B.: Apostolskie funkcje wiernych. In: L. Balter (Hg.): Powołanie człowieka. Powołanie do apostolstwa, Bd. 4. Verlag Pallottinum. Warszawa-Poznań 1975, S. 300-319.

Butler, Ch.: The Theology of Vatican II. Darton, Longman & Todd. London 1967. Poln.: Teologia Soboru Watykańskiego II. Übersetzt von Olga Scherer. Éditions du Dialogue. Paris 1971.

Congar, Y.: Je crois en l'Esprit Saint. Bd. 1. Les Éditions du Cerf. Paris 1981. Poln.: Wierzę w Ducha Świętego. Bd. 1. Übersetzt von Adam Paygert. Wydawnictwo Księży Marianów. Warszawa 1995.

Darowski, R.: Kościół wobec zjawiska ateizmu. In: F. Adamski: Socjologia religii. Verlag WAM. Kraków 1983, S. 540-548.

Deutsche Bischofskonferenz: Katholischer Erwachsenen-Katechismus. Bd. 1: Das Glaubensbekenntnis der Kirche. Kevelaer 1985.

Grabowski, M.: Wiara w Jezusa – Syna Bożego w czasach New-Age'u. In: Homo Dei Nr. 3 (2002), S. 11-19.

Gogacz, M.: Ateizm znakiem czasów. In: B. Bejze (Hg.): W nurcie zagadnień posoborowych. Warszawa 1967, S. 87-116.

Gręś, S.: Eschatologiczny wymiar obecności Ducha Świętego w ziemskim życiu człowieka. In: L. Balter / S. Dusza / F. Mickiewicz (Hg.): Duch Odnowiciel. Kolekcja Communio, Bd. 12. Verlag Pallottinum. Poznań 1998, S. 341-354.

Johannes Paul II.: Wierzę w Boga Ojca Stworzyciela. Libreria Editrice Vaticana. Vatikan 1987.

Johannes Paul II.: Wierzę w Ducha Świętego, Pana i Ożywiciela. Libreria Editrice Vaticana, Ed. Aquila Bianca. Vatikan 1992.

Jóźwiak, S.: Wiara podstawowym dynamizmem moralnym osoby. In: Verbum Vitae Nr. 5 (2004), S. 187-203.

Kijas, Z. J.: Traktat o Duchu Świętym i łasce. In: E. Adamiak / A. Czaja / J. Majewski (Hg.): Dogmatyka. Bd. 4. Warszawa 2007, S. 438-455.

Kowalczyk, M.: Duch Święty w życiu i działalności Ludu Bożego. In: L. Balter / S. Dusza / F. Mickiewicz (Hg.): Duch Odnowiciel. Kolekcja Communio, Bd. 12. Verlag Pallottinum. Poznań 1998, S. 183-217.

Paul VI.: Trwajcie mocni w wierze. Bd. 1. Verlag WAM. Kraków 1970.

Paul VI.: Trwajcie mocni w wierze. Bd. 2. Verlag WAM. Kraków 1974.

Poupard, P.: Wiara i kultura. Współczesne wyzwania. In: Społeczeństwo Nr. 5 (2002), S. 543-556.

Rahner, K.: Grundkurs des Glaubens. Studien zum Begriff des Christentums. In: ders.: Sämtliche Werke. Bd. 26. Hg. von K. Lehmann / J.B. Metz / K.-H- Neufeld / A. Raffelt / H. Vorgrimler und A.R. Batlogg. Verlag Benzinger-Herder. Freiburg 1999. Poln.: Podstawowy wykład wiary. Wprowadzenie do pojęcia chrześcijaństwa. Übersetzt von Tadeusz Mieszkowski. Verlagsanstalt PAX. Warszawa 1987.

Rahner, K.: Nauka II Soboru Watykańskiego o ateizmie. In: Concilium, Nr. 1-10 (1966/67), S. 87-95.

Rahner, K.: O możliwości wiary dzisiaj. Übersetzt von Anna Morawska. Verlag Znak. Kraków 1965.

Rusecki, M.: Rozum i wiara z perspektywy teologii fundamentalnej w świetle encykliki „Fides et ratio". In: Analecta Cracoviensia XXXIV (2002), S. 241-261.

Schütz, Ch.: Praktisches Lexikon der Spiritualität. Herder. Freiburg 1988.

Vorgrimler, H.: Das Zweite Vatikanische Konzil. Konstitutionen, Dekrete und Erklärungen, lateinisch und deutsch. Kommentare. Teil II. Verlag Herder. Freiburg 1967.

Wojtyła, K.: U podstaw odnowy. Studium o realizacji Vaticanum II. Polskie Towarzystwo Teologiczne. Kraków ^{2}1988.

Zuberbier, A.: Wierzę... Dogmatyka w zarysie. Księgarnia św. Jacka. Katowice 1969.

III. WEITERFÜHRENDE LITERATUR

Alfaro, J.: Fede. In: Sacramentum mundi. Bd. 3. Brescia 1975, S. 729–750. Poln.: Wiara. In: Concilium 1966/67 Nr. 1-10, poln. Ausgabe, S. 20-28.

Balter, L.: Od wiary do teologii. In: L. Balter / S. Dusza / F. Mickiewicz (Hg.): Podstawy wiary. Teologia. Kolekcja Communio. Bd. 6. Verlag Pallottinum. Poznań 1991, S. 5-21.

Balter, L.: Duch, który woła. In: L. Balter (Hg.): Powołanie człowieka. Powołanie do apostolstwa. Bd. 4. Verlag Pallottinum. Warszawa-Poznań 1975, S. 35-47.

Balter, L.: Zbawcza obecność Ducha Świętego w Kościele i w świecie. In: Homo Dei Nr. 43 (1974), S. 167-176.

Beck, U.: Risikogesellschaft. Auf dem Weg in eine andere Moderne. Suhrkamp. Frankfurt a. M. 1986.

Bednarz, M.: Między wiarą i miłością – nadzieja. In: R. Darowski (Hg.): Otwarci w wierze. Verlag WAM. Kraków 1974, S. 116-129.

Bouyer, L.: L'Eglise de Dieu. Les Éditions du Cerf. Paris 1970. Poln.: Kościół Boży. Übersetzt von Włodzimierz Krzyżaniak. Verlagsanststalt PAX. Warszawa 1977.

Brudz, J.: Łaska Boża w psychologicznej analizie aktu wiary. In: Ateneum Kapłańskie Nr. 50 (1949), S. 209-234.

Bukowski, K.: Wiara odpowiedzią na łaskę. In: Katechizm religii katolickiej. Teil 9. Wrocław 1982, S. 41-45.

Coffy, R. : Dieu des athées: Marx, Sartre, Camus. Chroniques sociales de France. Paris 1963. Poln.: Bóg niewierzących. Übersetzt von Paweł Zdziechowski. Éditions du Dialogue. Paris 1968.

Colomb, J.: Le devenir de la foi. Editions du Centurion. Paris 1974. Poln.: Stawanie się wiary. Übersetzt von Teresa Dworakowa. Verlagsanstalt PAX. Warszawa 1980

Dalbesio, A.: Spirito Santo nel Nuovo Testamento, nella Chiesa, nella vita del Cristiano. Cinisello Balsamo. San Paolo 1994. Poln.: Duch Święty w Nowym Testamencie, w Kościele, w życiu chrześcijańskim. Übersetzt von Krzysztof Mądel. Verlag WAM. Kraków 2001.

Drążek, Cz.: Przymnóż nam wiary. In: R. Darowski (Hg.): Otwarci w wierze. Verlag WAM. Kraków 1974, S. 9-33.

Feiner, J. / Löhrer, M.: Mysterium Salutis. Grundriss Heilsgeschichtlicher Dogmatik. Bd. 1. Benziger Verlag. Einsiedeln-Zürich-Köln 1965.

Freeman, L.: First Sight: The Experience of Faith. Continuum. London 2011. Poln.: Od pierwszego wejrzenia. Doświadczenie wiary. Übersetzt von Andrzej Ziółkowski. Verlag der Benediktiner. Tyniec 2012.

Fries, H.: Herausgeforderter Glaube. Kösel Verlag. München 1968. Poln.: Wiara zakwestionowana. Übersetzt von Adam Paygert, Jan Zarański. Verlag Znak. Kraków 1975.

Gawlik, W.: Współczesna dynamika wiary. In: Znak Nr. 20 (1968), S. 409-421.

Granat, W.: Teologiczna wiara, nadzieja i miłość. Lublin 1960.

Hajduk, R.: Kontynuacja dzieła odkupienia, czyli o Communio, komunikacji i relacjach międzyosobowych w posłudze duszpasterskiej. In: R. Hajduk / M. Kotyński (Hg.): Ogarnięci tajemnicą Chrystusowego odkupienia. Verlag Homo Dei. Kraków 2006, S. 125-145.

Hajduk, R.: Posłani głosić dobrą nowinę. Podstawowy kurs homiletyczny. Verlag Homo Dei. Kraków 2007.

Hajduk, R.: Przyczyny erozji wiary chrześcijańskiej. In: P.A. Sokołowski (Hg.): Kontrchrześcijaństwo jako kontekst działalności misyjnej w XXI wieku. Pieniężno 2009, S. 44-63.

Hajduk, R.: Wierni świeccy w ewangelizacji kultury. Zasady i pola działania. In: Studia Elbląskie Bd. XIII (2012), S. 227-244.

Heinzmann, J.: Glauben ist Freundschaft. Kanisius Verlag. Freiburg 1992. Poln.: Wiara jest przyjaźnią. Übersetzt von Janusz Serafin. Verlag Homo Dei. Kraków 2009.

Heschel, A.J.: Wiara. Poln. von Maria Tarnowska. In: W drodze Nr. 10 (1975), S. 29-33.

Heschel, A. J.: Gott sucht den Menschen. Eine Philosophie des Judentums. Jüdische Verlag-Anstalt. Berlin [5]2000. Poln.: Bóg szukający człowieka. Podstawy filozofii judaizmu. Übersetzt von Albert Gorzkowski. Verlag Esprit. Kraków 2007.

Jankowski, A.: Duch Dokonawca. Katowice 1983.

Jankowski, A.: Duch Święty Dokonawcą zbawienia. Nowy Testament o posłannictwie eschatologicznym Ducha Świętego. Verlag WAM. Kraków 2003.

Jankowski, A.: Wiara w Piśmie Świętym. In: Znak Nr. 226-227 (1973), S. 529-540.

Kasper, W.: Einführung in den Glauben, Matthias-Grünewald Verlag, Mainz 1972. Poln.: Rzeczywistość wiary. Übersetzt von Jerzy Piesiewicz. Verlagsanstalt PAX. Warszawa 1979.

Kirschläger, W.: Hat Gott seinen Sohn in den Tod gegeben? – Zum biblischen Verständnis von Erlösung. In: E. Christen / W. Kirschläger (Hg.): Erlöst durch Jesus Christus. Paulus Verlag. Freiburg/Schweiz 2000, S. 29-70.

Klinger, E.: Hierarchische Ämter und Laienämter. In: E. Garhammer (Hg.): Ecclesia semper reformanda. Kirchenreform als bleibende Aufgabe. Echter. Würzburg 2006, S. 169-185.

Krenzer, F. : Was wir glauben – Briefe über den katholischen Glauben. Lahn-Verlag. Limburg 1963. Poln.: Taka jest nasza wiara. Übersetzt von Franciszek Wycisk. Éditions du Dialogue. Paris 1981.

Krucina, J.: Wiara a Kościół jako wspólnota. In: W nurcie zagadnień posoborowych. Bd. 4. Warszawa 1970, S. 105-128.

Łukaszyk, R.: Osobowy charakter wiary religijnej. In: B. Bejze (Hg.): W kierunku człowieka. Warszawa 1971, S. 187-202.

Mariański, J.: Socjologiczne motywy wiary. In: W drodze Nr. 7 (1975), S. 11-19.

Mastej, J.: Wiara. In: M. Rusecki / K. Kaucha / I. S. Ledwoń / J. Mastej (Hg.): Leksykon teologii fundamentalnej. Verlag M. Lublin-Kraków 2002, S. 1323-1328.

Moeller, Ch.: O teologii niewiary. In: Concilium Nr. 1-10 (1966/67), S. 96-108.

Moysa, S.: O pogłębienie teologii wiary. In: Collectanea Theologica Nr. 40 (1970), S. 179-184.

Ozorowski, E.: Fides qua – fides quae. In: Rocznik Teologii Katolickiej. Bd. 8. Białystok 2009, S. 33-41.

Parzych-Blakiewicz, K.: Teologia dialogu jako perspektywa myślenia eklezjalnego. Zarys problematyki. In: Filozofia Dialogu. Bd. 7. Theologische Fakultät UAM. Poznań 2009, S. 151-166.

Parzych-Blakiewicz, K.: Teologia historiozbawcza w dogmatyce polskiej XX wieku. Verlag SQL. Olsztyn 2010.

Paszyński, J.: Ateizm jest bardziej racjonalny niż wiara w Boga? In: R. Hajduk (Hg.): Współczesne herezje. Verlag SQL. Olsztyn 2009, S. 9-24.

Perz, Z.: Wiara a moralność. In: B. Bejze (Hg.): W nurcie zagadnień posoborowych. Bd. 4. Warszawa 1970, S. 149-169.

Pfammatter, J.: Glaube nach der Heiligen Schrift. In: J. Feiner / M. Löhrer: Mysterium Salutis. Grundriss Heilsgeschichtlicher Dogmatik. Bd. 1. Benziger Verlag. Einsiedeln-Zürich-Köln 1965, S. 796-816.

Pietraszko, J.: Wiara punkt wyjścia w realizacji Synodu. In: Znak Nr. 225 (1973), S. 305-313.

Przygoda, W.: Apostolat świeckich w Polsce w czterdzieści lat po Soborze Watykańskim II. In: A. Przybecki (Hg.): Teologia praktyczna. Theologische Fakultät UAM. Bd. 7. Poznań 2006, S. 41-56.

Ratzinger, J.: Einführung in das Christentum: Vorlesungen über das Apostolische Glaubensbekenntnis. Kösel-Verlag. München 1968.

Ratzinger, J.: Gott und die Welt. Glauben und Leben in unserer

Zeit. Ein Gespräch mit Peter Seewald. Deutsche Verlags-Anstalt. München 2000. Poln.: Bóg i świat. Wiara i życie w dzisiejszych czasach. Z kardynałem Josephem Ratzingerem rozmawia Peter Seewald. Übersetzt von Grzegorz Sowinski. Verlag Znak. Kraków 2001.

Ratzinger, J.: Zur Lage des Glaubens. Ein Gespräch mit Vittorio Messori. Verlag Neue Stadt, München 1985. Poln.: Raport o stanie wiary. Z Ks. Kardynałem Josephem Ratzingerem rozmawia Vittorio Messori. Übersetzt von Zyta Orszyn. Verlag Michalineum. Kraków-Warszawa 1989.

Rogowski, R.: Wiara żywa. In: W drodze Nr. 5 (1974), S. 25-31.

Rogowski, R.: Teologia żywej wiary. In: Znak Nr. 222 (1972), S. 1581-1594.

Rogowski, R.: Teologiczne źródła niewiary. In: Ateneum Kapłańskie Nr. 385 (1973), S. 261-271.

Roqueplo, R.: La Foi d'un mal croyant: ou mentalité scientifique et vie de foi. Les Éditions du Cerf. Paris 1969. Poln.: O trudnościach wiary. Übersetzt von Zofia Włodkowa. Verlag PAX. Warszawa 1974.

Salij, J.: Świadectwo wiary jako odpowiedź na współczesne jej zakwestionowanie. In: Ateneum Kapłańskie Nr. 386 (1973), S. 390-402.

Schlosser, H.: Glaube/Christentum. In: A. T. Khoury (Hg.): Lexikon religiöser Grundbegriffe. Judentum, Christentum, Islam. Wiesbaden [2]2007. Spalten 1133-1138. Poln.: Wiara / Chrześcijaństwo. In: A. Th. Khoury (Hg.): Leksykon podstawowych pojęć religijnych. Judaizm, chrześcijaństwo, islam. Übersetzt von Józef Marzęcki. Verlag PAX. Warszawa 1998, Kol. 1133-1138

Sesboüé, B.: Croire. Initiation à la foi catholique pour les femmes et les hommes du XXIème siècle. Dorguet et Ardant. Paris 1999. Poln.: Wierzę. Wezwanie do wiary katolickiej dla kobiet i mężczyzn XXI wieku. Übersetzt von Maria Żurowska. Wydaw. Księży Marianów / Księgarnia Św. Wojciecha, Warszawa-Poznań 2000.

Sesboüé, B. / Theobald. Ch.: Histoire des dogmes, tome 4: La parole du salut. Doctrine de la Parole de Dieu, Révélation, foi, Ecriture, Tradition, Magistère. Desclée. Paris 1996. Poln.: Historia dogmatów. In: B. Sesboüé (Hg.): Słowo Zbawienia. Bd. 4. Übersetzt von Piotr Rak. Verlag M. Kraków 2003.

Sieg, J.: Wiara Kościoła obecnego w świecie. In: R. Darowski (Hg.): Otwarci w wierze. Verlag WAM. Kraków 1974, S. 49-74.

Stakemeier, E.: Die Konzilskonstitution über die göttliche Offenbarung. Werden, Inhalt und theologische Bedeutung. Verlag Bonifacius-Drukerei. Paderborn 1966.

Steeman, T.: Psychologische und soziologische Aspekte des modernen Atheismus. In: Concilium. Internationale Zeitschrift für Theologie, 3. Jahrgang, 1. und 2. Halbjahr (2 Bände). Benziger Verlag, Zürich & Einsiedeln, Matthias Grünewald Verlag, Mainz 1967. Poln.: Psychologiczne i socjologiczne aspekty współczesnego ateizmu. In: Concilium, Nr. 1-10 (1966/67), poln. Ausgabe, S. 108-117.

Szafrański, A. L.: Kairologia. Zarys nauki o Kościele w świecie współczesnym. Lublin 1990.

Trütsch, J.: Theologische Explikation des Glaubens. In: J. Feiner / M. Löhrer (Hg.): Mysterium Salutis. Grundriss heilsgeschichtlicher Dogmatik. Bd. 1. Benziger Verlag. Einsiedeln-Zürich-Köln 1965, S. 817-898.

Waldenfels, H.: Christentum. In: A. T. Khoury (Hg.): Lexikon religiöser Grundbegriffe. Judentum, Christentum, Islam. Wiesbaden 2007. Kol. 1224-1227. Poln.: Chrześcijaństwo. In: A. T. Khoury (Hg.): Leksykon podstawowych pojęć religijnych: judaizm, chrześcijaństwo, islam. Übersetzt von Józef

Marzęcki. Verlag PAX. Warszawa 1998. Kol. 1224-1227.

Waldenfels, H.: Kontextuelle Fundamentaltheologie. Verlag F. Schöningh: Paderborn 1985. Poln. : O Bogu, Jezusie Chrystusie i Kościele dzisiaj: teologia fundamentalna w kontekście czasów obecnych. Übersetzt von Antoni Paciorek. Księgarnia św. Jacka. Katowice 1993.

Weron, E.: Świeccy w Kościele. Éditions du Dialogue. Paris 1970.

Weron, E.: Laikat i apostolstwo. Zarys teologii laikatu i apostolstwa ludzi świeckich. Éditions du Dialogue. Paris 1973.

Wesoły, W.: Kapłan i laikat w Kościele. In: S. Ropiak / M. Tunkiewicz (Hg.): Sacerdos alter Chrystus. Kapłan w życiu i posłudze Kościoła na progu trzeciego tysiąclecia. Olsztyn 2010, S. 375-387.

Wilkanowicz, S.: Dlaczego i jak wierzę. Verlag Znak. Kraków 1969.

Winling, R.: Teologia współczesna. Übersetzt von K. Kisielewska-Sławińska. Verlag Znak. Kraków 1990.

Wistuba, H.: Życie wiarą. In: Katecheta Nr. 12 (1968), S. 163-169.

Wodka, A.: U źródeł odkupienia w Psalmach. In: R. Hajduk / M. Kotyński (Hg.): Ogarnięci tajemnicą Chrystusowego odkupienia. Verlag Homo Dei. Kraków 2006, S. 11-32.

Witczyk, H.: Encyklopedia chrześcijaństwa. Historia i współczesność. 2000 lat nadziei. Kielce 2000.

Zapłata, F.: Wiara a misje. In: W nurcie zagadnień posoborowych. Bd. 4. Warszawa 1970, S. 129-147.

Zuberbier, A.: Wiara. In: A. Zuberbier (Hg.): Słownik teologiczny. Katowice 1998, S. 629-634.

MIX
Papier | Fördert gute Waldnutzung
FSC® C083411

Zeitfracht Medien GmbH
Ferdinand-Jühlke-Straße 7
99095 Erfurt, Deutschland
produktsicherheit@kolibri360.de

Druck:
CPI Druckdienstleistungen GmbH
im Auftrag der
Zeitfracht Medien GmbH
Ein Unternehmen der Zeitfracht - Gruppe
Ferdinand-Jühlke-Str. 7
99095 Erfurt